Dr. med. vet. Ina Gösmeier
Akupressur für Pferde

Dr. med. vet.
Ina Gösmeier

Akupressur für Pferde

KOSMOS

Impressum

Umschlaggestaltung von eStudio Calamar, unter Verwendung von vier Farbaufnahmen von Sabine Heüveldop.

Bildnachweis
Die 142 Farbfotos im Innenteil wurden speziell für dieses Buch aufgenommen von Sabine Heüveldop, Dülmen. Das Foto von Ingrid Klimke (S. 7) stammt von Thomas Ruddies, Hamburg.
Graphiken: Matthias Radzuweit, Rendsburg

Bibliografische Information der Deutschen Bibliothek
Die Deutsche Bibliothek verzeichnet diese Publikation in der Deutschen Nationalbibliografie; detaillierte bibliografische Daten sind im Internet über http://dnb.ddb.de abrufbar.

Gedruckt auf chlorfrei gebleichtem Papier

© 1999, 2005, 2., aktualisierte Auflage, Franckh-Kosmos Verlags-GmbH & Co. KG, Stuttgart
Alle Rechte vorbehalten
ISBN 3-440-10301-3
Redaktion: Sigrid Eicher
Produktion: Kirsten Raue / Claudia Kupferer
Printed in the Czech Republic / Imprimé en République Tchèque

Alle Angaben in diesem Buch erfolgen nach bestem Wissen und Gewissen, Sie entbinden den Pferdehalter nicht von der Eigenverantwortung für sein Tier und können insbesondere die tierärztliche Untersuchung nicht ersetzen. Der Verlag übernimmt keine Haftung für Personen-, Sach- oder Vermögensschäden, die aus der Anwendung der vorgestellten Materialien und Methoden entstehen.

Kosmos-InfoLine
Sie können sich mit Ihren Fragen und Problemen an unsere Autorin Dr. Ina Gösmeier wenden. Schreiben Sie an:
Kosmos Verlag „Pferde-InfoLine"
Postfach 106011
D-70049 Stuttgart
(Bitte mit Rückporto)

Informationen senden wir Ihnen gerne zu
Bücher · Kalender
Experimentierkästen · Kinder- und Erwachsenenspiele
Natur · Garten · Essen & Trinken
Astronomie · Hunde & Heimtiere
Pferde & Reiten · Tauchen
Angeln & Jagd · Golf
Eisenbahn & Nutzfahrzeuge
Kinderbücher

KOSMOS

Postfach 10 60 11
D-70049 Stuttgart
TELEFON +49 (0)711-2191-0
FAX +49 (0)711-2191-422
WEB www.kosmos.de
E-MAIL info@kosmos.de

Inhalt

Vorwort ___ 7

Einführung in Wirkungsweise und
Anwendungsgebiete der Akupressur
und Akupunktur ___ 9

Geschichte und gedankliche Hintergründe der Akupressur
von Dr. med. vet. Lothar Friese ___ 13
Yin und Yang – das Wesen aller Dinge 14
    Krankheiten des Yang-Typs ___ 15
    Krankheiten des Yin-Typs ___ 16
    Zusammenfassung ___ 16
Wichtige Begriffe der chinesischen
Medizin ___ 16
    Die Organe ___ 16
    Schmerz, Hitze, Kälte, Wind ___ 17
    Qi – die treibende Kraft ___ 17
Die Leitbahnen der Energie ___ 19
    1. Lungen-Meridian ___ 20
    2. Dickdarm-Meridian ___ 21
    3. Magen-Meridian ___ 22
    4. Milz-Pankreas-Meridian ___ 23
    5. Herz-Meridian ___ 25
    6. Dünndarm-Meridian ___ 26
    7. Blasen-Meridian ___ 27
    8. Nieren-Meridian ___ 28
    9. Pericard-Meridian ___ 29
    10. Dreifacher-Erwärmer-Meridian ___ 30
    11. Gallenblasen-Meridian ___ 31
    12. Leber-Meridian ___ 32
    13. Das Lenkergefäß – Du Mai ___ 33
    14. Das Konzeptionsgefäß – Ren Mai ___ 34
    15. Das Gürtelgefäß – Dai Mai ___ 34
Die Lehre von den Fünf Elementen –
der Weg zu den richtigen Punkten ___ 35

Pferdetypen in der Akupressur ___ 42
    Der Gan- oder Lebertyp ___ 43
    Der Shen- oder Nierentyp ___ 45
    Der Pi- oder Milztyp ___ 47
    Der Xin(Chin)- oder Herztyp ___ 49

Akupressurpunkte zum psychischen Ausgleich der Pferdetypen ___ 51
Leber 3 – Taichong –
Großes Branden ___ 52
Niere 3 – Taixi – Großer Wildbach ___ 56
Milz-Pankreas 6 – Sanyinjiao –
Treffen der drei Yin ___ 57

Die Anwendung der Akupressur ___ 60
Vorbereitung ___ 60
Untersuchung ___ 61
    Anschauen des Pferdes ___ 61
    Abtasten des Pferdes ___ 62
    Einordnen der Beobachtungen ___ 68
Die Shu-Punkte ___ 69
    Lokalisation und Bedeutung der
    Shu-Punkte ___ 70
    Praktisches Vorgehen zur
    Untersuchung der Shu-Punkte ___ 74
Behandlungsprinzipien ___ 79
    Auswahl der Akupressur-
    punkte ___ 79
    Druckausübung auf den
    Akupressurpunkt ___ 80
    Zeitdauer der Akupressur ___ 84
    Zusammenfassung ___ 84
Die Praxis ___ 85

Gesamtunterstützung des Pferdes ohne besondere Problemstellung	85
Akupressur am heranwachsenden Pferd	89
Akupressur am alten Pferd	96
Lösen von psychischen Disharmonien	98
Vorbeugung vor Infektionskrankheiten	101
Akupressur nach überstandener Erkrankung	103
Genickfestigkeit und Schmerzen im Genick	104
Beweglichkeitsübung für den Hals	107
Rückenschmerzen – Muskelverspannungen	109
Nachsorge nach Verletzungen und Operationen	111
Turniervorbereitung	115
Akupressurpunkte, die Qi in den Meridianen bewegen	117
Individuelle Punktkombinationen	120
Fehlerquellen	123
Falsche Voraussetzungen	123
Zu kurze Anwendung	123
Falsche Punktauswahl	123
Lokalisation der Akupressurpunkte	124
Widerstand gegen die Akupressur	124
Negativer Einfluß der Umgebung	125

Beschreibung und Wirkung der anzuwendenden Akupressurpunkte _____ 126

Lunge 7 – *Lieque* – Unterbrochene Reihenfolge	126
Magen 36 – *Zusanli* – Punkt der drei Dörfer	127
Gallenblase 20 – *Fengchi* – Windteich	129
Gallenblase 41 – *Zulinqi* – Fließende Tränen des Flusses	130
Dickdarm 4 – *Hegu* – Geschlossenes Tal oder Zusammenkunft der Täler	131
Milz-Pankreas 21 – *Dabao* – Allgemeine Kontrolle	132
Blase 10 – *Tianzhu* – Himmelspfeiler	133
Dickdarm 16 – *Jugu* – Großer Knochen	134
Blase 60 – *Kunlun* – Kunlun Berge	136
Dünndarm 3 – *Houxi* – Hinterer Fluß	138

Schlußbemerkung _____ 139

Adressen _____ 140

Zum Weiterlesen _____ 140

Register _____ 141

Vorwort

Die alten chinesischen Heilmethoden erfreuen sich aktuell immer größerer Beliebtheit. Auch ich habe immer wieder alternative Methoden zur begleitenden Behandlung von Problemen bei meinen Pferden ausprobiert. Bevor man sich zu einer bestimmten Methode entschließt, muß man sein Pferd genau kennen. Man muß hineinhorchen und mitfühlen, in welchem Bereich es Probleme gibt, und dann unvoreingenommen ausprobieren und Vergleiche ziehen. Allerdings kann auch die beste Behandlung eine umfassende, ganzheitliche Gymnastizierung des Pferdes, wie sie die klassische Reitlehre vorschreibt, nicht ersetzen. Sie kann insofern kein Wundermittel gegen schlechtes Reiten und eine einseitige Ausbildung sein. Ein vielseitiges Trainingsprogramm mit unterschiedlicher körperlicher wie psychischer Beanspruchung ist immer noch die beste Grundlage für ein gesundes Pferd, aber zusätzlich kann man einiges tun, um Gesundheit und Wohlbefinden zu unterstützen.

Im Rahmen einer Behandlung mit Akupunktur und Akupressur habe ich Frau Dr. Ina Gösmeier, die Autorin dieses Buches, kennen- und schätzen gelernt. Als klassisch ausgebildete Tierärztin setzt sie begleitend und unterstützend auf Akupunktur und Akupressur, die – im Gegensatz zur Akupunktur – auch vom Reiter und Pferdebesitzer selbst angewendet werden kann. Besonders fasziniert war ich von ihrer einfühlsamen Art, mit Pferden umzugehen, ihre Persönlichkeit zu erfassen und sich auf sie einzustellen (chinesische Typ-Einstufungen). Sie gewinnt damit sofort das Vertrauen der Pferde und findet die zu behandelnden Punkte und Meridiane schnell heraus. Zusätzlich hat sie die seltene Gabe, die unterschiedlichen, teilweise sehr komplexen Sachverhalte anschaulich und einfach darzustellen, so daß sie auch von weniger vorgebildeten Laien und Zuhörern gut nachvollzogen werden können.

Ich wünsche den Lesern viel Spaß bei der interessanten und hilfreichen Lektüre dieses Buches, verbunden mit der Hoffnung, daß möglichst vielen Pferden auf diese Weise geholfen wird!

Ingrid Klimke

Einführung in Wirkungsweise und Anwendungsgebiete der Akupressur und Akupunktur

Dieses Buch wurde für Pferdebesitzer, Reiter, Pferdepfleger, also für den Pferdefreund geschrieben. Aus diesem Grund handelt es sich nicht um eine medizinische Abhandlung, die den Anspruch auf Vollständigkeit erhebt, sondern um eine Akupressuranleitung, die es medizinischen Laien ermöglicht, die Akupressur an ihren Pferden erfolgreich anzuwenden.

Sie können dieses Buch auf verschiedene Weise nutzen:
- Wenn Sie sich zum ersten Mal gründlicher mit der chinesischen Medizin befassen und die Hintergründe verstehen wollen, lesen Sie das Buch Kapitel für Kapitel.
- Wenn Ihnen der gedankliche Hintergrund bereits vertraut ist, können Sie das Kapitel über „Geschichte und gedankliche Hintergründe der Akupressur", das Dr. med. vet. Lothar Friese dankenswerterweise beisteuerte, überspringen und direkt zum Kapitel „Pferdetypen" und damit zur praktischen Anleitung übergehen. Dieses Kapitel ist wichtig, weil es dem Reiter oder Besitzer ermöglicht, sein Pferd typmäßig einzuordnen, denn jede

Akupunkturpunkte, die in der Akupressur angewendet werden.

Behandlung hängt davon ab, zu welchem Pferdetyp Ihr Pferd gehört.
- Wenn Sie schon Erfahrung mit Akupunktur und Akupressur gesammelt haben und nur einen Rat für ein spezielles Problem suchen, finden Sie die entsprechende Stelle über das Inhaltsverzeichnis oder das Register am Ende des Buches. Vergessen Sie aber bitte nicht, daß Sie zuerst den Typ kennen müssen, den Ihr Pferd verkörpert, bevor Sie sich für eine Akupressur entscheiden können.

Die theoretischen Grundlagen sind in der Akupressur und Akupunktur die gleichen. Bei beiden wird nicht allein das erkrankte Organ behandelt, sondern das ganze Pferd. Psyche und körperliches Gebrechen werden im Zusammenhang betrachtet und bestimmen die Diagnose und die Behandlung.

Behandelt wird über die Akupunkturpunkte. Diese Punkte lassen sich auffinden, da ihre elektrische Leitfähigkeit erhöht und ihr Hautwiderstand erniedrigt ist. Sie liegen größtenteils auf Leitbahnen, den sogenannten Meridianen, die wie ein Flußsystem den Körper durchziehen. Nach der chinesischen Medizinvorstellung fließt in den Meridianen eine Energieform, genannt Qi. Wie in einem Flußbett der Wasserstrom veränderlich ist, kann der Energiefluß sich verändern.

Es gibt unterschiedliche Energiezustände, die man als Qi-Fülle, Qi-Leere oder Qi-Stau kennzeichnet. Dadurch entstehen Krankheitszustände wie etwa Schmerz, Juckreiz oder Infektionen. Über die Akupunkturpunkte lassen sich diese Störungen behandeln.

Lange Zeit glaubte man im Westen nicht an die Wirkung der Akupunktur. Heute besteht daran kein Zweifel mehr, und auch die Naturwissenschaft beschäftigt sich mit der Wirkungsweise der Akupunktur. Nach den Wissenschaftlern Pomeranz und Stux beruht die schmerzlindernde Wirkung der Akupunktur auf drei Ebenen:

1. Unterdrückung von Schmerzreizen im Rückenmark durch körpereigene Opiate wie Enkephalin und Dynorphin
2. Monoamine werden im Mittelhirn ausgeschüttet und verstärken die Schmerzhemmung.
3. In den Kerngebieten des Hypothalamus kommt es zu einer Ausschüttung von Beta-Endorphin und Beeinflussung des vegetativen Nervensystems.

Akupunktur wirkt wesentlich intensiver als die Akupressur und kann deshalb auch Erkrankungen heilen. Die Anwendung der Akupunktur gehört in die Hand eines Tierarztes, der sich in der westlichen Medizin auskennt und zusätzlich Kenntnisse in der chinesischen Medizin besitzt.

Die genaue Kenntnis der Bedeutung der chinesischen Begriffe wie etwa Yin und Yang ist die Grundlage für eine erfolgreiche Therapie. Der Tierarzt muß in der chinesischen Puls- und Zungendiagnostik bewandert sein. Eine genaue Diagnose ist von Bedeutung, um abzuklären, welche Art von Medizin angewendet werden soll.

Die Akupunkturbehandlung erfolgt mit Nadeln, die in die Akupunkturpunkte

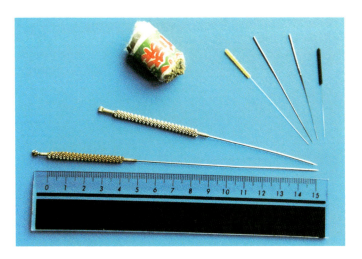

Die Akupunkturnadeln sind von unterschiedlicher Länge und Dicke.

gestochen werden. Zusätzlich kann man durch Aufsetzen auf die Nadeln und Anzünden von Moxakraut eine gezielte Wärmezufuhr auf Akupunkturpunkte erreichen. Das Kraut besteht aus getrockneten Beifußblättern (*Artemisia vulgaris*). Diese Behandlungsform führt dem Körper Energie zu und wird Moxibustion genannt.

Hauptanwendungsgebiete der Akupunktur beim Pferd sind:
1. Die Behandlung von schmerzhaften Erkrankungen des Bewegungsapparates, zum Beispiel alle Arten von Rückenverspannungen und -schmerzen und die dazugehörigen Lahmheiten (einschließlich der Widersetzlichkeiten gegen den Reiter, die durch Schmerz hervorgerufen werden).
2. Die Behandlung funktioneller und vegetativer Störungen, zum Beispiel
    - chronische Atemwegserkrankungen
    - chronischer Durchfall, Kolikneigung
    - Headshaker-Syndrom
    - Sommerekzem
    - Deckunlust beim Hengst
    - Nichtträchtigwerden der Stute
    - Freßunlust und
    - saisonaler Leistungsabfall, besonders der Sportpferde.
    - psychische Probleme

Akupressur kann der Laie anwenden. Da die chinesische Medizin aber eine Erfahrungsmedizin ist, benötigt man Zeit, Geduld und Interesse, um umfassende

Bei der Moxibustion wird das Moxakraut auf die Nadel gesteckt und angezündet. Diese Art der Behandlung kann zum Beispiel bei einer chronischen Bronchitis angewendet werden.

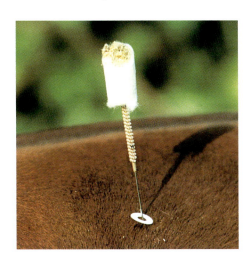

Akupressur am Pferd

Kenntnisse in dieser Heilmethode zu erlangen. Die Anwendung findet sich schon in der chinesischen Antike. Die Behandlung besteht in der Massage einzelner Akupunkturpunkte.

Die Akupressur wird beim Pferd vielseitig eingesetzt. Leichte Schmerzzustände können gelindert und die Psyche unserer Pferde kann beeinflußt werden. Außerdem stellt die Akupressur eine optimale Ergänzung und Unterstützung einer begonnenen Akupunkturtherapie dar. Zum Beispiel kann die Akupressur in Kombination mit der Akupunktur zur Vor- und Nachsorge nach einer überstandenen Infektion oder Operation eingesetzt werden. Besonders in der Rehabilitation nach Verletzungen und nach Operationen an den Gliedmaßen ist eine Behandlung angebracht.

Wer mit einem Pferde tagtäglich umgeht, registriert häufig kleine Auffälligkeiten, die erst im Laufe der Zeit zu größeren Problemen führen. Die Akupressur ermöglicht das Erkennen dieser ersten Unstimmigkeiten und kann sie positiv beeinflussen.

Die Behandlung erfolgt, wie schon erwähnt, über die Akupressur von Akupunkturpunkten. Es gibt wesentlich mehr Akupunkturpunkte, als in diesem Buch angegeben. Wer aber mit den beschriebenen wichtigen Punkten umzugehen und sie in der Akupressur anzuwenden weiß, wird viel Freude an den positiven Reaktionen seines Pferdes haben. Er besitzt eine gute Grundlage, seinem Pferd zu helfen und das Verhältnis Mensch-Pferd harmonischer zu gestalten.

Geschichte und gedankliche Hintergründe der Akupressur

von Dr. med. vet. Lothar Friese

Akupressur ist eine uralte Heilkunst, vielleicht die älteste der Menschheit überhaupt. An ihrem Anfang stand vermutlich die instinktiv gewonnene Erfahrung der frühesten Menschen, daß sich Schmerzen durch Berührung mit den Fingern lindern ließen. Dabei lernten sie, daß durch Drücken und Reiben bestimmter Stellen nicht nur Schmerzen gelindert, sondern auch andere gesundheitliche Beschwerden gebessert werden konnten.

Die Entwicklung dieser Kenntnisse zu einem zusammenhängenden Medizinsystem erstreckte sich über einen langen Zeitraum. Vor etwa 5 000 Jahren war das Wissen um diese Zusammenhänge in China bereits so weit entwickelt, daß solche Stellen gezielt gestochen wurden, wie archäologische Funde von Nadeln aus Knochen und Stein belegen. Doch nicht nur bei den Jägern, Hirten und Bauern der Jungsteinzeit in China war die Kenntnis solcher Punkte verbreitet, auch die Menschen in Europa scheinen zu jener Zeit von diesen Wirkungen gewußt zu haben. Diese Vermutung legen die tätowierten Akupunkturpunkte des mumifizierten Mannes aus dem Gletschereis des Ötztals nahe. Jedoch sind diese Kenntnisse in unseren Breiten nicht überliefert worden, sonst wäre einige Jahrtausende später diese Behandlungsweise des Nadelstechens von den ersten europäischen Chinareisenden des 16. Jahrhunderts nicht so bestaunt und mit dem Begriff Akupunktur bedacht worden. Dieses Kunstwort bildeten sie aus den lateinischen Begriffen *acus* (= Nadel) und *pungere* (= stechen), um bei ihrer Rückkehr zu beschreiben, wie chinesische Ärzte ihre Patienten behandelten. Das chinesische Wort für diese Behandlungsform heißt *zhenjiu*, zu deutsch „Stechen und Brennen". Damit wird verdeutlicht, daß neben der Nadelstimulation auch die Moxibustion, die Erwärmung der betreffenden Punkte mit verglimmendem Beifuß, zu dieser Behandlungsweise gehört. Diese Wärmebehandlung ist vermutlich nach der Massage der Punkte der nächste gezielte Behandlungsschritt gewesen, noch vor der Verwendung von Knochen- oder Steinnadeln.

Die Anwendung dieser Heilkunst lag in China frühzeitig in den Händen von besonders Heilkundigen. Daneben blieb die Massage von Akupunkturpunkten zur Behandlung von alltäglichen Beschwerden als Volksmedizin stets erhalten. Der Name dafür lautet im Chinesischen *anmo* und im Japanischen *shiatsu*. Die in Amerika gebräuchliche Bezeichnung *acupressure* (von *acus* = lat. Nadel und *pressure* = engl. Druck) hat sich im westlichen Kulturraum verbreitet, auch wenn sie vom Sinngehalt her nicht sehr gelungen ist.

Für die Vermutung, wie die Akupressur von den Menschen entdeckt worden sein mag, finden sich im Tierreich bestätigende Hinweise. Häufig kann man beobachten, wie sich Tiere Stellen lecken oder putzen, an denen bekannte Akupunkturpunkte liegen.

Nicht auszuschließen wäre, daß dies von den Menschen der Jungsteinzeit beobachtet wurde und sie daraufhin begannen, ihre an sich selbst gewonnenen Erfahrungen auf ihre Haustiere zu übertragen. Als Mittel der Volksmedizin war die Stimulation von Akupunkturpunkten, sei es durch Massage, Nadeln oder Wärme, bei Pferden, Kamelen oder Ziegen schon ca. 500 Jahre vor unserer Zeitrechnung weit verbreitet. Historische Berichte bezeugen, daß die Bauernsöhne, die in den Heeren dienten, ihre Kenntnisse sehr gezielt anwendeten. So ist überliefert, daß die Lenker der Streitwagen ihre erschöpften Rösser nach einer Schlacht mit Massagen und Wärmeanwendungen an verschiedenen Punkten stimulierten, um Kraftreserven für den nächsten Tag freizusetzen. Diese Wirkungen bestimmter Punkte sind auch beim Menschen gut bekannt. Einer von ihnen heißt deshalb sinngemäß „Dritter Weiler am Fuß", wobei der Weiler für die dringend benötigte Verschnaufpause steht, die gebraucht wird, um letzte Reserven für den Rest eines Weges zu sammeln.

Für viele ist diese chinesische Heilkunst mit der Aura des Geheimnisvollen behaftet. Das liegt teils an ihren Heilerfolgen bei sogenannten aussichtslosen Fällen, teils an der Schwierigkeit, ihre Wirkungsweise auf der Grundlage unserer wissenschaftlichen Erkenntnisse hinreichend zu erklären.

Werden dafür jedoch die entsprechenden chinesischen Begriffe und Zeichen zu Hilfe genommen, ist das Wesen der chinesischen Medizin sehr einfach zu erfassen, weil die grundlegenden Prinzipien, die ihre Schöpfer vor Jahrtausenden aus der Natur ableiteten und in Symbolen wiedergaben, gültig geblieben sind.

Yin und Yang – Das Wesen aller Dinge

Jeder Erscheinung unserer Welt ist ein Gegenteil zuzuordnen. Die einfachsten Beispiele dafür sind Tag und Nacht, Himmel und Erde, Sommer und Winter, Bewegung und Ruhe und solche dazugehörigen Eigenschaften wie hell und dunkel, oben und unten, warm und kalt, schnell und langsam. Das Wesen dieser Gegensatzpaare besteht darin, daß sie einander bedingen und ein gemeinsames Ganzes bilden. So, wie die Empfindung von Licht in all seinen Abstufungen durch den Unterschied zwischen Tag und Nacht erfahren wird, so wird das Temperaturempfinden geprägt durch den Unterschied zwischen warmen und kalten Tages- und Jahreszeiten.

Diese Aufteilung der uns umgebenden

Erscheinungswelt in zwei Grundelemente symbolisierten die Chinesen mit den Begriffen Yin und Yang. Die entsprechenden Schriftzeichen bedeuten „die Schattenseite eines Hügels" (Yin) und „die Lichtseite eines Hügels" (Yang). Mit diesen Symbolen lassen sich sämtliche Erscheinungen unserer Welt einordnen, denn alles besitzt buchstäblich eine Licht- und eine Schattenseite.

Das Symbol auf dem Pferd (siehe Abbildung) gibt das Zusammenspiel der beiden Prinzipien von Yin (dunkles Feld) und Yang (helles Feld) wieder. Ursprünglich wurde damit der Wechsel von Tag und Nacht verdeutlicht, wobei der dunkle Anteil mit hellem Kreis dem Nachthimmel mit Vollmond entspricht und der helle Anteil mit dunklem Kreis den Taghimmel mit Neumond darstellt.

Am Körper des Pferdes lassen sich die Zuordnung und das Zusammenspiel von Yin und Yang gut veranschaulichen: Vom Kopf über den Rücken bis zu den kräftigen Gliedmaßen, alles, was den Körper führt, trägt und bewegt, entspricht dem Yang. Die gerundete, weiche Bauchseite mit Brust und Kehle, wo die im Schatten liegenden Organe die Energie für die Bewegung gewinnen, entspricht dem Yin. Zusammen bilden sie als Einheit den Rumpf.

Wie diese Beispiele verdeutlichen, ist das Grundmuster der Einteilung nach Yin und Yang in allen Lebensbereichen zutreffend. Die chinesische Medizin ordnet auf dieser Grundlage den Patienten und seine Krankheit ein und leitet davon ausgehend die notwendige Behandlungsweise ab. Die Yin- und Yang-Aspekte eines Krankheitsbildes werden zur genaueren Beurteilung nach zusätzlichen Merkmalen unterschieden. Sie werden die acht Leitkennzeichen genannt:

Yin: Innen – Leere – Kälte
Yang: Außen – Fülle – Hitze

Damit werden die Erscheinungen einer Krankheit nach Entstehungsort, Dynamik des Krankheitsgeschehens sowie den Merkmalen Kälte oder Hitze erfaßt.

Krankheiten des Yang-Typs

Bei einer typischen Yang-Krankheit treten alle Symptome im allgemeinen sehr rasch und deutlich auf, wie zum Beispiel bei der Hufrehe. Dem Bild dieser Krank-

heit lassen sich folgende Yang-Merkmale zuordnen:
- Der Ort des Krankheitsgeschehens liegt „außen".
- Die warmen Hufe sind ein Zeichen für die „Hitze".
- Der Schmerz, der sich durch Druck auf die Hufwand verstärkt, und die Pulsation der Zehenarterien signalisieren eine erhöhte Aktivität, die energetische „Fülle".

Die Behandlung zielt darauf ab, das übermäßige Yang zu vermindern. Dazu werden Punkte genadelt, die man bluten läßt, um die „Hitze" auszuleiten und die „Fülle" zu mindern. Der Erfolg dieser Behandlungsweise hat in amerikanischen Pferdekliniken zur routinemäßig Anwendung bei Hufrehepatienten geführt, auch wenn sonst keine Akupunktur praktiziert wird.

Krankheiten des Yin-Typs

Eine Yin-Krankheit findet „innen" statt, dazu können Zeichen von „Kälte" und energetischer „Leere" auftreten. Ihr chronischer Verlauf führt zur Betroffenheit innerer Organe, so, wie es beispielsweise bei einer langanhaltenden Hustenerkrankung der Fall ist.
- Blasse Schleimhäute und weißlicher Schleim aus den Nüstern weisen in solch einem Fall auf eine innere „Kälte" hin.
- Ist das Pferd schnell ermüdet und schwitzt schnell, so signalisieren diese Zeichen eine energetische „Leere".

Krankheiten des Yin-Typs müssen häufig länger behandelt werden. Oft kommt dabei die Moxibustion zum Einsatz, die Stimulation von Akupunkturpunkten durch Erwärmung mit verglimmendem Beifuß.

Zusammenfassung:

Die Ausgewogenheit zwischen den Yin- und Yang-Aspekten des Körpers bestimmt dessen Gesundheit. Eine Störung dieses Gleichgewichts bedeutet Krankheit und muß mit Akupunktur behandelt werden. Mit Akupressur wird die Ausgewogenheit zwischen Yin und Yang unterstützt, was dem Entstehen von Störungen (= Krankheiten) vorbeugt.

Wichtige Begriffe der chinesischen Medizin

Beim ersten Lesen eines Textes über chinesische Medizin begegnet man vielen Bezeichnungen, die nicht ohne weiteres zu verstehen sind. Die wichtigsten Begriffe sollen hier kurz erläutert werden.

Die Organe

Während in der westlichen Medizin mit Begriffen wie Leber, Niere oder Milz ein inneres Organ mit konkreter Lage und physiologischer Aufgabe gemeint ist, verbinden sich mit den entsprechenden Begriffen der chinesischen Medizin eine Vielzahl von weitgefaßten Aufgaben und Einflußbereichen. Dazu gehört beispielsweise, daß sich die Organe in einem Sinnesorgan „öffnen" („Die Leber öffnet sich in das Auge."), daß eine Gefühlsregung zu einem Organbereich gehört („Angst schädigt die Nieren.") und bestimmte klimatische Einflüsse ungünstig auf einen Organbereich einwirken („Nässe hemmt die Milz.").

Die hier häufig genannten chinesischen Begriffe *Gan* für Leber, *Shen* für Niere und *Pi* für Milz sind daher sowohl im Sinne unserer westlichen Medizin als körperlich-materielle als auch als energetische und psychische Einflußbereiche zu verstehen.

Schmerz, Hitze, Kälte, Wind

Schmerz ist ein Warnsignal des Organismus, um auf eine Störung aufmerksam zu machen.

Für die chinesische Medizin ist Schmerz die Folge einer Energieblockade. Von einigen Akupunkturpunkten heißt es beispielsweise, sie „leiten Schmerz aus". Ihre Wirkung besteht darin, den Energiestau aufzulösen und damit die Schmerzen zum Abklingen zu bringen. Von anderen Akupunkturpunkten heißt es, daß sie „Hitze kühlen, Wind vertreiben oder Kälte ausleiten". Ihre Wirkung besteht darin, die Folgen bestimmter krankheitsauslösender Einflüsse unschädlich zu machen, was in der westlichen Medizin einer entzündungshemmenden Wirkung oder einer Stärkung der Abwehrkräfte entspricht.

Hitze entsteht nach Auffassung der chinesischen Medizin unter anderem bei fieberhaften Erkrankungen. Andere Krankheitszeichen wie Entzündungen des Zahnfleischs oder Hauterkrankungen beispielsweise werden auf eine „innere Hitze" oder „Hitze im Blut" zurückgeführt.

Kälte allein kann Energieblockaden und damit Schmerzen und Lahmheiten verursachen.

Wind ist ein krankheitsauslösender Einfluß, der von außen eindringt und in Verbindung mit Kälte zu Erkältungen oder bei Entstehung von Hitze zu Lungenentzündungen mit hohem Fieber führen kann.

Treten an immer neuen Stellen des Körpers Krankheitszeichen auf, zum Beispiel Juckreiz oder wechselnde Lahmheiten, wird von „innerem" Wind als Krankheitsverursacher gesprochen.

Qi – die treibende Kraft

Um der Frage nachzugehen, was mit der Stimulation von Akupunkturpunkten beeinflußt wird, sei es mit Nadeln oder Druck, muß ein zentraler Begriff der chinesischen Medizin und des chinesischen Denkens besprochen werden. Die Rede ist vom Qi (gesprochen: tschi), auch als Ch'i oder Ki geschrieben.

Zur Erklärung, was Qi bedeutet, wird meist das uns geläufige Wort Energie verwendet. Dessen Wortsinn (Energie = „mit Nachdruck und Entschiedenheit eingesetzte Kraft") kommt jedoch der Bedeutung des Schriftzeichens für Qi nur teilweise nahe. Dieses setzt sich aus dem Symbol für Dunst, Dampf oder Gas und dem Symbol für die „vier Reiskörner im Feld" zusammen. Damit wird das Wirken von Qi verdeutlicht, das als unsichtbare, aber allgegenwärtige Lebenskraft die Reiskörner nach der Aussaat zum Keimen bringt.

Andere Interpretationen sprechen vom Symbol für die vielfältige Natur des Qi, weil es sowohl fein und flüchtig wie Dunst, andererseits dicht und materiell wie Reis sein kann. Es wirkt sowohl als die bewegende Kraft in der lebenden Natur wie auch als verdichtetes Energiefeld in Metallen und Steinen.

Allen Lebewesen wird durch Vererbung von den Eltern ein Grundvorrat an Qi übertragen, das Ursprungs- oder Yuan-Qi. Dieser Grundvorrat an Qi entspricht der ererbten Konstitution. Die Fähigkeit des Körpers, sein Qi durch die Aufnahme von Qi aus der Luft (dem *Qing-Qi*) und aus der Nahrung (dem *Gu-Qi*) zu ergänzen, bestimmt seine erworbene Konstitution.

Durch verschiedene Umwandlungsstufen, an denen mehrere Organbereiche beteiligt sind, bildet der Körper sein Qi für alle Lebensfunktionen (*Zheng-Qi*) und das Abwehr-Qi (*Wei-Qi*), das ihn wie eine Schutzhülle zur Abwehr äußerer krankheitsauslösender Einflüsse umgibt. Für die Abwehraufgabe des *Wei-Qi* steht in der westlichen Medizin der Begriff des Immunsystems.

Für die Chinesen ist Qi ein selbstverständlicher Begriff der Alltagssprache, der keiner zusätzlichen Auslegungen bedarf, weil seine Wirkungen überall offenbar werden. Sie sprechen vom günstigen oder ungünstigen Qi eines Wohnortes wie von dem Qi der Nahrungsmittel und bedenken dabei die Auswirkungen auf ihr eigenes Qi, das die Quelle der Gesundheit und Langlebigkeit darstellt. So warnen die Großmütter schon ihre Enkel vor dem Verzehr von Zitrusfrüchten in den Wintermonaten, da diese ein stark kühlendes Qi besitzen, und aus dem gleichen Grund wird dem unkundigen Ausländer bedeutet, in dieser Jahreszeit den grünen Tee zu meiden.

Solche Kenntnisse über Eigenschaften und Nutzen von Kräutern und Nahrung sind wesentlicher Bestandteil der chinesischen Medizin. Besonders populär, gerade unter älteren Menschen, sind die Bewegungs- und Atemübungen des *Qi Gong* (dt.: „Arbeit am Qi"), die dazu verhelfen, das eigene Qi zu bewahren, zu vermehren und in harmonischem Fluß zu halten.

Die Besonderheit der chinesischen Medizin besteht darin, mit Akupunktur direkt auf das Qi eines Patienten einwirken zu können, da die Nadeln eine besonders intensive Anregung des Qi-Flusses ermöglichen. Je nach Krankheitsbild wird gestautes Qi, das Schmerzen bereitet, aufgelöst oder ein Mangel an Organ-Qi ausgeglichen. Daß ein Qi-Mangel vorliegt, zeigt sich daran, daß sich Krankheitszeichen wie etwa eine Lahmheit oder der Husten durch Bewegung verstärken oder daß ein Pferd schnell ermüdet und schnell schwitzt oder lange nachschwitzt. Hat allerdings eine Krankheit das Qi eines Patienten schon stark angegriffen, so darf nur vorsichtig genadelt werden, sonst kann sich der Zustand anhaltend verschlechtern.

Die Akupressur ermöglicht es, Mangelzustände mit einer fortwährenden milden Anregung auszugleichen oder einen gestauten Qi-Fluß anzuregen. Sie hat den Vorzug, keinen Schaden anrichten zu können. Aus diesem Grunde kann die hier vermittelte Form der Akupressur ohne Gefahr auch bei Pferden angewandt werden, die alt oder durch Krankheit geschwächt sind.

Die Leitbahnen der Energie

Nach chinesischer Vorstellung fließt Qi im Körper der Menschen und Tiere durch ein vernetztes System von Haupt- und Nebenkanälen. Diese Wege des Qi werden *Jing Luo* genannt. Die entsprechenden Schriftzeichen enthalten Symbole für die Verbindung eines geordneten Wegesystems sowie für die Strömung in einem Kanal und die Arbeit, die damit verrichtet wird. Die zutreffende Übersetzung lautet daher „Leitbahn" oder auch „Gefäß", jedoch hat sich bei uns die Bezeichnung „Meridian" eingebürgert, so daß hier beide Begriffe verwendet werden.

Es gibt 12 Hauptleitbahnen, die neben ihrem Verlauf an der Körperoberfläche noch Verbindung zu einem inneren Organbereich haben, weshalb man beispielsweise vom „Lungen-Meridian" oder der „Leitbahn der Milz" spricht. Es werden sechs Yang- und sechs Yin-Leitbahnen unterschieden. Die Yang-Leitbahnen verlaufen hauptsächlich an den Außenseiten der Gliedmaßen, die Yin-Leitbahnen vorwiegend an deren Innenseiten. Die Yin-Leitbahnen und die dazugehörigen Organbereiche haben Verbindung mit einem Sinnesorgan, welches als deren „Öffner" bezeichnet wird.

Die 12 Hauptleitbahnen sind symmetrisch angelegt, so daß jede von ihnen auf der linken wie auf der rechten Körperseite einmal vorhanden ist. Das gleiche gilt für die auf ihnen gelegenen Akupunkturpunkte. Diese Punkte stellen Zugänge dar, über die Einfluß auf den Energiefluß der jeweiligen Leitbahn und den Energiezustand des zugehörigen Organbereiches genommen werden kann. Die für die Akupressur wichtigsten Punkte werden in

Organuhr (siehe Text nächste Seite)

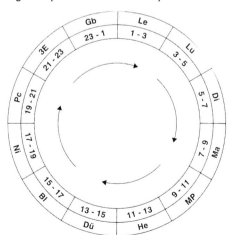

anregende (tonisierende) und dämpfende (sedierende) Punkte unterschieden. Außerdem gibt es sogenannte Quellpunkte, die eine beabsichtigte Stimulationswirkung verstärken, und Durchgangspunkte, die dem Energieausgleich zum Partnermeridian dienen.

Da alle Leitbahnen entlang den Gliedmaßen verlaufen und die Gelenke überqueren, können Blockaden des Energieflusses dort zu Schmerzen und damit zu Lahmheiten führen.

In einem 24-Stunden-Zyklus flutet Qi einmal durch jeden Organbereich. Aus der Organuhr (siehe Abbildung) ist zu ersehen, wann die Flutwelle die jeweiligen Organbereiche und ihre Leitbahnen mit einem Maximum an Qi füllt. Treten Krankheitszeichen immer zu einer bestimmten Zeit auf, läßt das Rückschlüsse auf Störungen im jeweiligen Organbereich zu.

1. Lungen(Lu)-Meridian

Sein Ursprung liegt in der Lunge. An der Brustwand in Höhe der dritten Rippe, verdeckt von der Schultermuskulatur, liegt seine Austrittsstelle. Entlang der gedachten Mittellinie an der Innenseite des Vorderbeines verläuft die Leitbahn bis zum Kronsaum, wo sie vor dem inneren Ballen endet.

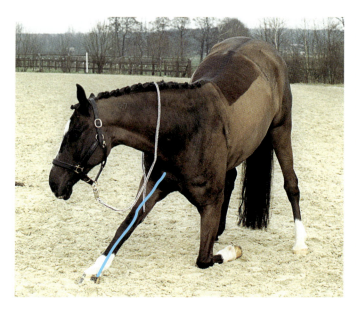

Bedeutung der Organfunktion:
Die Lunge ist neben den Verdauungsorganen das wichtigste energieliefernde Organ. Sie nimmt reines Qi aus der Luft auf und scheidet unreines Qi aus. Das reine Qi der Luft vereint sie mit dem Nahrungs-Qi, das ihr von der Milz zugeführt wird. Sodann führt die Lunge das Qi zusammen mit

Feuchtigkeit in den Körper hinab, um die Gewebe zu ernähren und alle Lebensabläufe zu unterstützen. Um den Körper gegen krankheitsauslösende Einflüsse mit einer Schutzhülle zu umgeben, verteilt sie Qi und Feuchtigkeit auch in der Körperoberfläche. Die Nase ist der Öffner der Lunge. Sie ist besonders empfindlich gegen Trockenheit.

Die Maximalzeit der Lunge liegt zwischen 3 und 5 Uhr.

Eine verminderte Lungenenergie äußert sich besonders als Störungen im gesamten Bereich der Atmungsorgane wie Erkältungen und Husten. Außerdem treten Mangelerscheinungen der Haut und des Haarkleides auf, die eine trockene Haut und ein stumpfes Fell zur Folge haben. Energieblockaden im Meridianverlauf können Lahmheiten der Vorhand bedingen. Pferde, deren Lungenenergie geschwächt ist, zeigen verminderte Leistungsbereitschaft.

Für die Akupressur kommt vor allem der Punkt Lu 7 in Betracht.

2. Dickdarm(Di)-Meridian

Er tritt knapp drei Fingerbreit seitwärts und innen von der Mittellinie des Vorderhufs über dem Kronsaum an die Oberfläche. An der Innenseite des Fesselbeins, des Fesselgelenks und des Röhrbeins nach oben ziehend, überquert die

Leitbahn vorn das Vorderfußwurzelgelenk und verläuft dann außen entlang der Vorhand über das Ellenbogengelenk, wo sie sich zum vorderen Buggelenksbereich wendet. Von dort führt sie unten-seitlich den Hals entlang, überquert den Kehlkopf und Unterkiefer seitlich und endet unter der Nüster. Ihre innere Verbindung zum Dickdarm zweigt vor der Schulter in die Tiefe ab.

Bedeutung der Organfunktion:
Dem Dickdarm unterliegt die Ausscheidung des nicht verwertbaren Futteranteils und die Absorption von Flüssigkeit. Die Maximalzeit liegt zwischen 5 und 7 Uhr.

Ein Mangel an Organenergie kann sich in Verdauungsstörungen und in Hauterkrankungen äußern, da mit der normalen Ausscheidung auch eine Entgiftung verbunden ist. Außerdem sind eine Vielzahl von Erkrankungen im Leitbahnverlauf möglich. Dazu gehören Lahmheiten der Vorhand oder auch Entzündungen im Oberkiefer- und Nasenbereich.

Die für die Akupressur geeigneten Punkte der Leitbahn sind Di 4 und Di 16.

3. Magen(Ma)-Meridian

Sein Ursprung liegt in der Mitte unterhalb des Auges. Entlang dem Oberkiefer verläuft er nach vorn bis zur Lücke zwischen den Schneidezähnen und dem ersten Backenzahn, wendet sich zurück und überquert den großen Kaumuskel und das Kiefergelenk. Entlang dem Unterhals führt die Leitbahn über die seitliche Vorderbrust und die Unterseite des Bauches, ca. eine Handbreit seitlich von der Mittellinie. In der Leistenregion durchquert sie die Kniefalte, verläuft außen über das Knie, dann abwärts an der vorderen Außenseite der Hinterhand und endet über dem Koronarband, ca. 1/2–1 cm seitlich-außen von der Mittellinie. Über mehrere innere Verbindungen wird sowohl die Gesichtsfläche umschlossen als auch der Magen selbst erreicht.

Bedeutung der Organfunktion:
Der Magen bildet mit der Milz den Ursprung des Qi, das nach der Geburt vom Körper selbst erzeugt wird. In ihm wird das Futter „fermentiert und gereift". Das schafft die Voraussetzung für die weitere Aufbereitung durch die Milz und den Dünndarm. Seine Maximalzeit liegt zwischen 7 und 9 Uhr.

Ein Mangel an Organenergie ist die erste Vorstufe zu Verdauungsproblemen. Im Verlauf der Leitbahn machen sich Störungen als Beschwerden des Auges, der Gesichtsmuskulatur und der Zähne im Oberkiefer bemerkbar. Leitbahnblockaden können Auslöser von Lahmheiten der Hinterhand sein, die häufig das Kniegelenk betreffen.

Für die Akupressur geeignet ist Ma 36.

4. Milz-Pankreas(MP)-Meridian

Er entspringt auf dem Kronsaum vor dem inneren Ballen des Hinterhufs und verläuft dann aufwärts, etwa in der Mitte der Innenseiten von Fessel, Röhrbein, Sprunggelenk, Unterschenkel und Kniegelenk. Auf dem inneren Oberschenkel verläuft die Leitbahn weiter vorn von der Mitte und erreicht dann nach Passage der unteren Bauchseite die Brust in Höhe der vierten Rippe, wo sie sich zurückwendet und in Höhe des Buggelenks an der Rückseite der vierzehnten Rippe endet. Eine innere Verbindung führt zur Milz und verläuft weiter aufwärts bis zum Zungengrund.

Bedeutung der Organfunktion:
Wie schon beim Magen erwähnt, ist auch die Milz Quelle des aus dem Futter erworbenen Qi. Sie gewinnt aus der vom Magen aufbereiteten Nahrung das Nahrungs-Qi und transportiert es zur Lunge. Auch die vom Magen gewonnenen Flüssigkeiten werden von der Milz umgewandelt und im Körper transportiert. Sie ist an der Blutbildung beteiligt und hält das Blut in seinen Bahnen, so wie auch der Verbleib der übrigen Organe und Gewebe an ihrem Ort von der Milzenergie abhängig ist. Über die Versorgung aller Muskeln mit Nahrungs-Qi ist die Milz direkt

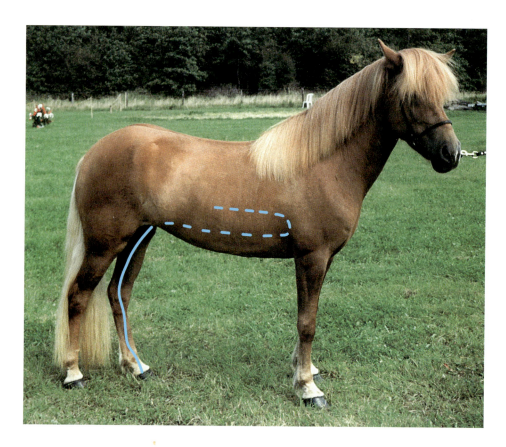

an der Kraft der Gliedmaßen beteiligt.

Die geistige Funktion der Milz beeinflußt das Denken im Sinne des Lernens, der Konzentration und der Merkfähigkeit. Ihr Öffner ist der Mund, und sie zeigt sich in den Lippen. Die Milz ist empfindlich gegen Feuchtigkeit und Nässe. Ihre Maximalzeit liegt zwischen 9 und 11 Uhr.

Eine auffällig schlaffe Unterlippe signalisiert beim Pferd häufig eine Milzschwäche. Ein Mangel an Milzenergie äußert sich in einer Vielzahl von Problemen, die auf eine schlechte Futterverwertung zurückzuführen sind. Deutlich wird das beim Bild der Schwerfuttrigkeit sowie allgemein bei Verdauungsproblemen, die sich in Durchfällen oder als Koliken äußern können.

Auf eine Milzschwäche können auch gynäkologische Störungen, Muskulatur- und Bindegewebsschwächen sowie Schleimansammlungen in den verschiedensten Körperregionen wie etwa der Lunge zurückzuführen sein. Beschwerden im Verlauf der Leitbahn schließen Lahmheiten der Hinterhand und Empfindlichkeiten im Bereich der Rippenmuskulatur ein.

Für die Akupressur geeignete Punkte sind MP 6 und MP 21.

5. Herz(He)-Meridian

Die Leitbahn tritt, vom Herzen kommend, in der Mitte der Achselfläche an die Oberfläche und verläuft innen an der Vorhand abwärts, bis sie oberhalb der Vorderfußwurzel zur Außenseite wechselt und hinter dem äußeren Griffelbein zum äußeren Ballen herabzieht, wo sie über dem Kronband endet.

Bedeutung der Organfunktion:
In der chinesischen Medizin ist das Herz an der Blutbildung beteiligt. Außerdem kontrolliert es die Blutgefäße und das Schwitzen und beherbergt den Geist (chin.: shen) im Sinne der seelischen, emotionalen und mentalen Äußerungsformen eines Lebewesens. Das Herz öffnet sich in die Zunge und ist empfindlich gegen Hitze. Die Maximalzeit liegt zwischen 11 und 13 Uhr.

Eine Störung der Organenergie kann bei Pferden dazu führen, daß sie zu unvorhergesehenen Reaktionen neigen, immer wieder sehr unruhig sind, spontan schwitzen und beispielsweise bei einer Behandlung, aber auch beim Aufsitzen oder in der Bahn nicht stehen bleiben wollen. Blockaden im Leitbahnverlauf stören den reibungslosen Bewegungsablauf und können zu Lahmheiten der Vorhand führen.

Das Herz gilt als das „königliche Organ" und wird selten direkt behandelt, weshalb auch keine Punkte zur Akupressur angeraten werden.

6. Dünndarm(Dü)-Meridian

Er entspringt über dem seitlich-äußeren Kronband des Vorderhufs, knapp drei Fingerbreit von der Mittellinie entfernt, verläuft an den seitlich-vorderen Außenflächen von Fesselbein und -gelenk bis über das Vorderfußwurzelgelenk, überquert die Außenseite der Gliedmaße diagonal und erreicht so den hinteren Bereich des Ellenbogengelenks. Von dort führt er entlang der Oberarmmuskulatur über das Schulterblatt, den seitlichen Hals bis in Höhe des 3. Halswirbels, von wo er über den Unterkiefer bis zum Oberkiefer zieht und von dort zu seinem Ende am äußeren Ohrgrund. Über einen inneren Verbindungsast, der in Höhe des Widerrists in die Tiefe führt, steht er mit dem Dünndarm in Verbindung. Eine weitere Abzweigung führt zum Auge und Innenohr.

Bedeutung der Organfunktion:
Im Dünndarm werden das von Magen und Milz verdaute Futter sowie die Flüssigkeiten in reine und unreine Anteile aufgespalten. Die reinen Anteile erhält der Körper zur Verwertung, die unreinen werden zur Ausscheidung weitertransportiert. Die Maximalzeit liegt zwischen 13 und 15 Uhr.

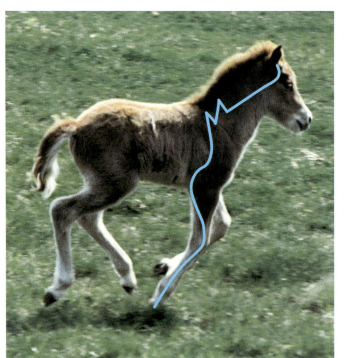

Eine gestörte Organenergie führt zu Verdauungsproblemen wie Durchfällen, zu Entzündungen der Schleimhäute von Luftröhre und Augen sowie zu Beschwerden im Meridianverlauf, die sich als Lahmheiten der Vorhand und mangelnde Durchlässigkeit im Genick äußern können.

Zur Akupressur eignet sich der Punkt Dü 3.

7. Blasen(Bl)-Meridian

In einer kleinen Knochenvertiefung unter dem inneren Augenwinkel liegt der Ausgangspunkt. Von dort zieht er über die Stirn, innen an den Ohren vorbei über den Kopf und das Genick und verläuft seitlich am Hals unterhalb des Mähnenansatzes bis zum oberen Rand des Schulterblatts, wo er sich in zwei Anteile spaltet. Der innere Ast zieht etwa eine Handbreit parallel zur Mittellinie der Wirbelsäule bis zur Kruppe, der äußere Ast verläuft etwa eine Handbreit weiter seitlich in Höhe des oberen Rippenansatzes. In Höhe des 4. Kreuzbeinwirbels zieht der innere Ast im Zickzack noch einmal nach vorn und innen und dann wieder parallel entlang den Kreuzbeinwirbeln zurück und abwärts, wo er sich im hinteren Kniekehlenbereich mit seinem zweiten Ast, der ihn parallel bis zum 4. Kreuzwirbel begleitet, vereinigt. Die Leitbahn verläuft dann abwärts entlang der hinteren Mittellinie der Hinterhand, zieht hinten-außen entlang der oberflächlichen Beugesehne, überquert dabei die Außenseite des Sprunggelenks und endet über dem Kronband vor dem hinteren äußeren Ballen. Über innere Verläufe bestehen Verbindungen zur Niere und Blase.

Bedeutung der Organfunktion:

Die Blase hat in der chinesischen Medizin neben der Speicherung des Harns und seiner Ausscheidung auch noch die Aufgabe, Flüssigkeit für die Harnbereitung umzuwandeln, wodurch sie an der Nierenfunktion gemäß westlicher Vorstellung beteiligt ist. Ihre Maximalzeit liegt zwischen 15 und 17 Uhr.

Da die Leitbahn solche besonders stark beanspruchte Körperbereiche des

Pferdes wie Genick, Rücken, Kruppe und Hinterhand überquert, werden auch viele Beschwerden dort durch Energieblockaden des Blasen-Meridians hervorgerufen, die ihrerseits oft durch Kälte verursacht werden.

Für die Akupressur geeignet sind die Punkte Bl 1, Bl 10 und Bl 60.

8. Nieren(Ni)-Meridian

Sein Ausgangspunkt liegt auf der Strahlspitze des hinteren Hufs. Von dort verläuft er zwischen den Ballenkissen aufwärts, innen entlang der äußeren Beugesehne, umrundet dann im Uhrzeigersinn die Innenseite des Sprunggelenks und zieht danach an der hinteren Innenfläche des Unterschenkels aufwärts. Abwärts von der Kniekehle verläuft er über die Innenseite des Oberschenkels in Richtung Unterbauch. Ca. drei Fingerbreit seitlich von der unteren Mittellinie überquert er Bauch und Brustregion und führt zwischen den Vorderbeinen hindurch bis zur Vorderbrust, wo er in einer Vertiefung zwischen Brustbeinspitze und der Basis der ersten Rippe endet.

Bedeutung der Organfunktion:
Die Nieren haben in der chinesischen Medizin neben ihrer Aufgabe als Ausscheidungsorgan einen weiter gefaßten Einflußbereich als in der westlichen Medizin. Sie speichern die von den

Elterntieren vererbte Lebensenergie und steuern die Entwicklungsvorgänge des Fohlens hinsichtlich seines Knochenwachstums und des Heranreifens zu einem fortpflanzungsfähigen Pferd. Ihnen kommt die Aufgabe zu, das von den Lungen herabgeführte Qi entgegenzunehmen und den Körper mit Wärme zu versorgen.

Ängstlichkeit eines Pferdes ist ebenso Ausdruck von geschwächter Nierenenergie wie ein schütteres Wachstum der Mähnen- und Schweifhaare. Die Öffner der Nieren sind die Ohren. Die Nieren sind empfindlich gegen Kälte. Die Maximalzeit dieses Organbereichs liegt zwischen 17 und 19 Uhr.

Störungen der Organenergie können sich auch in Entwicklungs- und Fortpflanzungsproblemen, Anfälligkeit für Erkältungskrankheiten und chronischem Husten äußern. Im Verlauf der Leitbahn ist vor allem die Hinterhand und hier das Sprunggelenk Ort von Energieblockaden, die zu Lahmheiten oder Bewegungsbehinderungen führen.

Ein wichtiger Punkt, um die Nierenenergie durch Akupressur zu stärken, ist Ni 3.

9. Pericard(Pc)-Meridian

Den Ursprung von seinem namengebenden Organ, dem Herzbeutel, nehmend, tritt diese Leitbahn in Höhe der fünften Rippe, gegenüber der Innenseite des Ellenbogengelenks, an die Oberfläche. In der Mittellinie der inneren Vorhand zieht sie hinter der Kastanie abwärts und verläuft dann über den hinteren inneren Rand von Vorderfußwurzel und Beugesehne, bis sie in der Vertiefung zwischen den beiden Ballenkissen einmündet.

Bedeutung der Organfunktion:

Das Pericard gilt in der chinesischen Medizin als Beschützer des Herzens. Somit hat es Anteil an allen Aufgaben des Herzens und unterstützt dessen Funktionen. Behandlungen von Störungen des Herzens erfolgen, wie schon erwähnt,

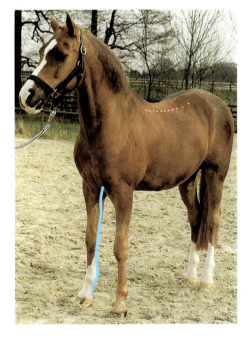

häufig indirekt, meist über Punkte dieser Leitbahn. Die Maximalzeit liegt zwischen 19 und 21 Uhr. Störungen der Organenergie äußern sich ähnlich denen, die beim Herzen auftreten. Insbesondere das lange Nachschwitzen nach dem Reiten in der Box ist über die Leitbahn des Pericards zu behandeln. Blockaden im Leitbahnverlauf können ebenfalls zu Lahmheiten der Vorhand führen.

Für die Akupressur am Pferd werden keine Punkte empfohlen.

10. Dreifacher Erwärmer(3E)-Meridian

Der Anfang liegt etwa 1/2-1 cm seitwärts-außen von der gedachten Mittellinie des Vorderhufs über dem Kronsaum. Seitlich-vorn nach oben verläuft die Leitbahn über Fesselbein, Fesselgelenk, Röhrbein und dann über die Mitte der Vorderfußwurzel und des Vorderbeins, überquert den Ellenbogen und das Schultergelenk und zieht über den Vorderrand des Schulterblatts bis in Höhe des Dornfortsatzes des ersten Brustwirbels. Von dort verläuft sie seitlich entlang dem Hals zum Kopf, überquert das Genick, zieht an der inneren Ohrenbasis vorbei über die Schläfen und mündet oberhalb des äußeren Augenwinkels ein.

Bedeutung der Organfunktion:
Der Name dieses Organs rührt daher, daß die chinesische Medizin den Körper in drei Wärmebereiche einteilt: den oberen, mittleren und unteren Erwärmer. Beim Pferd entspricht das der Brusthöhle sowie dem vorderen und hinteren Bauchbereich. Die Organe in diesen drei Bereichen unterliegen durch den Dreifachen Erwärmer einer übergeordneten Regulation. Die Maximalzeit liegt zwischen 21 und 23 Uhr.

Energiestaus in der Leitbahn beeinträchtigen die Beweglichkeit von Hals und Genick (Kopfhaltung zur Seite), können aber auch zu Lahmheiten in der Vorhand führen.

Es werden keine Punkte zur Akupressur empfohlen.

11. Gallenblasen(Gb)-Meridian

Der Meridian beginnt am äußeren Augenwinkel, verläuft über die seitliche Stirn, zieht um die Innenseite der Ohrbasis und über den Hinterhauptshöcker nach seitlich-außen, über den Atlaswirbel abwärts entlang der oberen Seite des Halses. Er kreuzt die Vorderkante des Schulterblatts, überquert die seitliche Brustwand und wendet sich hinter der letzten Rippe aufwärts bis in Höhe des Hüfthöckers. Von dort zieht er um das Hüftgelenk herum, herab in der Mitte der Außenfläche der Hinterhand und endet knapp drei Fingerbreit seitlich-außen von der vorderen Mittellinie des Hinterhufs über dem Kronrand.

Bedeutung der Organfunktion:
Auch wenn dem Pferd die Gallenblase fehlt, sind die Funktionen dieses Organbereichs gemäß chinesischer Auffassung doch vorhanden. Dazu gehört vor allem die Versorgung der Sehnen mit Qi, um ihre Beweglichkeit und Flexibilität zu sichern.

Ein wichtiger psychischer Aspekt, der von einer harmonisch entwickelten Gallenblasenfunktion abhängt, ist die Fähigkeit, Entscheidungen zu treffen und diese gezielt umzusetzen. Die Maximalzeit liegt zwischen 23 und 1 Uhr.

Störungen der Organenergie werden beim Pferd besonders dann sichtbar, wenn es ihm an Entschlußkraft fehlt oder es nicht genügend Kontrolle über schwierige Bewegungsabläufe entwickelt. Stolpert ein Pferd häufig oder geht es die Hindernisse im Parcours nicht entschlos-

sen genug an, deutet das auf einen Energiemangel in diesem Bereich hin. Im Verlauf der Leitbahn liegen so wichtige Bereiche wie das Genick und das Hüftgelenk. Mangelnde Durchlässigkeit im Genick wie auch fehlende Schubentwicklung oder Schwierigkeiten bei der Lastaufnahme können daher die Folge von Blockaden im Gallenblasen-Meridian sein.

Für die Akupressur geeignet sind die Punkte Gb 20 und Gb 41.

12. Leber(Le)-Meridian

Der Meridian beginnt knapp drei Fingerbreit seitlich-innen von der vorderen Mittellinie über dem Kronrand des Hinterhufs. Er verläuft dann aufwärts, vor der Mitte der Innenseiten von Fessel, Fesselgelenk, Röhrbein, über Sprunggelenk und Kniegelenk. Nach Passage der Innenseite des Oberschenkels nimmt die Leitbahn einen Verlauf im Körperinneren, erscheint außen wieder an der Basis der letzten Rippe und zieht bis zur vierzehnten Rippe, wo sie einmündet.

Innere Verbindungsäste führen um die Genitalregion herum, andere ziehen durch den Rachen bis hinter die Augen.

Bedeutung der Organfunktion:
Die Leber ist Blutspeicher und sorgt dafür, daß den Muskeln bei allen Aktivitäten genügend Blut und damit Energie zur Verfügung steht. Zu ihrem Einflußbereich gehören die Sehnen und Bänder, aber auch das Hufhorn. Die Leber ist für die harmonische Verteilung des Qi im ganzen Organismus zuständig. Das schließt das reibungslose Funktionieren der übrigen Organe genauso ein wie den freien Fluß der Gefühle. Die Öffner der Leber sind die Augen. Die Leber ist empfindlich gegen Wind. Ihre Maximalzeit liegt zwischen 1 und 3 Uhr.

Störungen der Organenergie haben vielfältige Äußerungsformen. Probleme im Bereich der Sehnen und Gelenke und mit der Beschaffenheit des Hufhorns gehören genauso dazu wie Augenerkrankungen oder eine Überempfindlichkeit des Pferdes beim Striegeln und Putzen. Besonders auffällig ist eine zu plötzlichen Ausbrüchen neigende Gefühlslage, die sich dem Reiter als Widersetzlichkeit des Pferdes darbietet.

Für die Akupressur geeignet ist der Punkt Le 3.

Die folgenden Meridiane sind nicht paarig angelegt und stehen auch ihrer übrigen Eigenschaften wegen außerhalb der Systematik der Leitbahnen. Sie werden deshalb als außerordentliche Leitbahnen oder „Wundergefäße" bezeichnet.

Die auf ihnen gelegenen Akupunkturpunkte lassen sich besonders wirksam für den psychischen Ausgleich und für eine bessere Durchlässigkeit des Pferdes einsetzen.

13. Das Lenkergefäß(LG) – *Du Mai*

Diese Leitbahn entspringt unter dem Schweif in der Vertiefung über dem After, zieht entlang der Unterseite des Schweifs bis zur Spitze und verläuft dann auf der Oberseite zum Kopf. Dabei folgt sie der Mittellinie über Kreuzbein, Lenden-, Brust- und Halswirbelsäule, das Hinterhaupt, die

Stirn und den Nasenrücken zur Nase, wo sie im Zentrum zwischen den Nüstern einmündet. Das Lenkergefäß reguliert die Yang-Energie des Körpers.

Die Punkte, die für die Akupressur geeignet sind, heißen LG 26 und *Yintang*.

14. Das Konzeptionsgefäß(KG) – *Ren Mai*

Es entspringt zwischen After und äußerem Genital, folgt der Mittellinie von Bauch, Brust, Unterhals und mündet in einer leichten Vertiefung unmittelbar vor der Mitte der Unterlippe. Das Konzeptionsgefäß reguliert die Yin-Energien des Körpers.

Der für die Akupressur geeignete Punkt ist KG 24.

15. Das Gürtelgefäß – *Dai Mai*

Einem Gürtel gleich umschließt diese Leitbahn den Rumpf in Höhe der Flanken vor den Hüfthöckern und an der Bauchunterseite vor dem Nabel. Diese Leitbahn

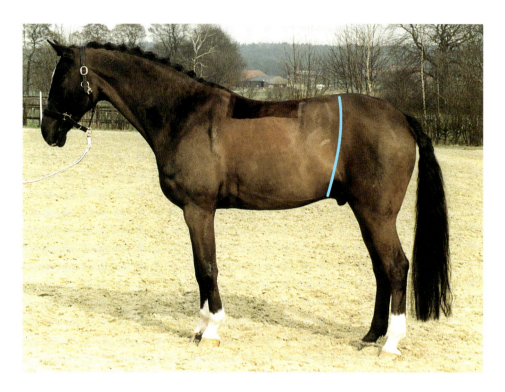

wird von allen Leitbahnen gekreuzt, die von vorn nach hinten bzw. von hinten nach vorn verlaufen. Ein gestautes Gürtelgefäß kann die Durchlässigkeit des Pferdes insgesamt beeinträchtigen. Die Aktivität der Hinterbeine kann dann nicht nach vorne übertragen werden.

Der Energiefluß im Gürtelgefäß wird durch Akupressur des Punktes Gb 41 angeregt.

Die Lehre von den Fünf Elementen – der Weg zu den richtigen Punkten

Die chinesische Weltsicht erkennt den Gang der Natur vor allem im fortwährenden Wandel ihrer Erscheinungen. Das bedeutet für alle Lebewesen, daß sie den sich ständig wandelnden, unterschiedlichsten Bedingungen ihrer natürlichen Umwelt ausgesetzt sind, von diesen beeinflußt werden und sich ihnen anpassen können. Das reicht von den jahreszeitlichen Wetterwechseln über die

Die Fünf Elemente und ihre wichtigsten Entsprechungen

	HOLZ	FEUER	ERDE	METALL	WASSER
YIN-Organ	„Leber"	„Herz"	„Milz"	„Lunge"	„Niere"
YANG-Organ	„Gallenblase"	„Dünndarm"	"Magen"	„Dickdarm"	„Blase"
Sinnesorgan	Auge	Zunge	Lippen	Nase	Ohren
körperl. Gewebe	Sehnen	Gefäße	Fleisch	Haut	Knochen
Gefühlsbewegung	Zorn	Freude	Grübeln	Traurigkeit	Angst
stimml. Ausdruck	Schreien	Lachen	Singen	Weinen	Stöhnen
Entwicklungsstufe	Geburt	Wachstum	Umwandlung	Ernte	Speicherung
YIN-YANG	kleines YANG	mächtiges YANG	Mitte	kleines YIN	mächtiges YIN
Himmelsrichtung	Osten	Süden	Mitte	Westen	Norden
Jahreszeit	Frühling	Sommer	(Spätsommer)	Herbst	Winter
Tageszeit	Morgen	Mittag	Nachmittag	Abend	Nacht
klimat. Einfluß	Wind	Hitze	Nässe	Trockenheit	Kälte
Farbe	grün	rot	gelb	weiß	schwarz
Geruch	ranzig	verbrannt	aromatisch,	metallisch	faulig
Geschmack	sauer	bitter	süß (neutral)	scharf	salzig

Zusammensetzung und Beschaffenheit der Nahrung bis hin zu emotionalen Belastungen.

Um dieses Geschehen hinsichtlich seiner gesundheitlichen Auswirkungen beschreibend zu erfassen, wurde die Lehre von den Fünf Elementen, die im Chinesischen „Die Fünf Wandlungen" heißt, geschaffen. Mit ihrer Hilfe findet der Tierarzt, der Akupunktur praktiziert, im Erscheinungsbild und der Krankengeschichte eines Patienten die wichtigsten Hinweise auf den Ursprung einer krankhaften Störung. Da sich Typ und Charakter eines Pferdes mit der Lehre von den Fünf Elementen sehr gut erfassen lassen, sollen die Grundgedanken dieser Theorie hier etwas ausführlicher dargelegt werden. Die damit mögliche Charakterisierung ist der Schlüssel für die Auswahl der richtigen Punkte für Ihr Pferd.

Bei den Fünf Elementen handelt es sich nicht um wortwörtlich zu nehmende Basisbestandteile der Natur, sondern um Symbole für Übergänge und Wandlungen. Mit ihnen werden fünf verschiedene, den Naturerscheinungen innewohnende Eigenschaften und Zustände wie folgt beschrieben:

- Wasser befeuchtet nach unten.
- Feuer schlägt nach oben.
- Holz kann gebogen und geradegerichtet werden.
- Metall kann man formen und erhärten, und
- die Erde erlaubt das Säen, Wachsen und Ernten.

Was durchtränkt und absteigt (Wasser), ist salzig, was emporschlägt (Feuer), ist bitter, was gebogen und geradegerichtet werden kann (Metall), ist scharf, was Säen, Wachsen und Ernten erlaubt (Erde), ist süß.

Den Fünf Elementen werden außerdem diese Bewegungsrichtungen zugeordnet:

Holz drängt in alle Richtungen nach außen, Metall verkörpert zusammenziehende Bewegungen, Wasser ist abwärts gerichtet, Feuer aufwärts, und Erde vermittelt Stabilität.

Eine Auswahl weiterer Entsprechungen mit Betonung der medizinischen Gesichtspunkte findet sich in der Tabelle auf der linken Seite

Die Fünf Elemente beeinflussen sich untereinander in fördernder (sheng = erzeugen) und kontrollierender (ko = unterdrücken) Hinsicht, wie die Darstellung der beiden Zyklen verdeutlicht.

Beim *Sheng*-Zyklus (siehe unten) fördern sich die Elemente in folgender Reihenfolge:
Wasser nährt das Wachstum des Baumes (Holz).
Holz verbrennt zu Feuer.
Feuer erzeugt Asche (Erde).
Die Erde birgt das Metall.
Am (kalten) Metall schlägt sich Wasser nieder.

Sheng-Zyklus

Feuer
erzeugt Asche (Erde).

Erde
birgt das Metall.

Holz
verbrennt zu Feuer.

Metall
am (kalten) Metall
schlägt sich Wasser nieder.

Wasser
nährt das Wachstum
des Baumes (Holz).

Beim *Ko*-Zyklus (siehe unten) kontrollieren sich die Elemente in dieser Reihenfolge:
Holz dringt in die Erde ein (als Wurzel) und entzieht ihr Nährstoffe.
Feuer schmilzt Metall.
Erde dämmt das Wasser ein.
Metall (als Axt) spaltet Holz.
Wasser löscht Feuer.

Für eine Balance der Elemente untereinander sorgt das Zusammenwirken beider Zyklen, weil somit jedes einzelne Element gleichzeitig fördert und gefördert wird, Kontrolle ausübt und kontrolliert wird.

Jedem Element werden zwei Organbereiche zugeordnet, die in der chinesischen Medizin als ein Organpaar aufgefaßt werden (siehe rechte Seite).

Das Beziehungsgeflecht der Fünf Elemente untereinander ist für den Tierarzt, der traditionelle chinesische Medizin praktiziert, besonders wichtig und hilfreich für die Suche nach einer Krankheits-

Ko-Zyklus

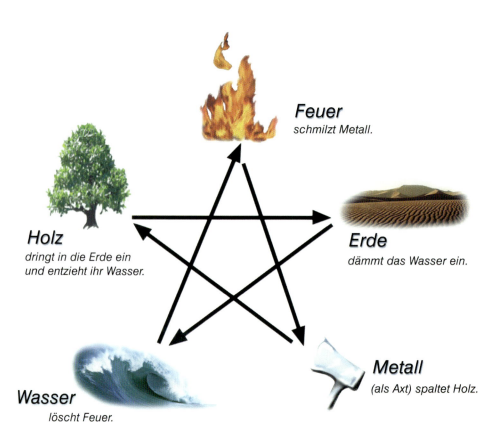

Feuer
schmilzt Metall.

Holz
dringt in die Erde ein und entzieht ihr Wasser.

Erde
dämmt das Wasser ein.

Wasser
löscht Feuer.

Metall
(als Axt) spaltet Holz.

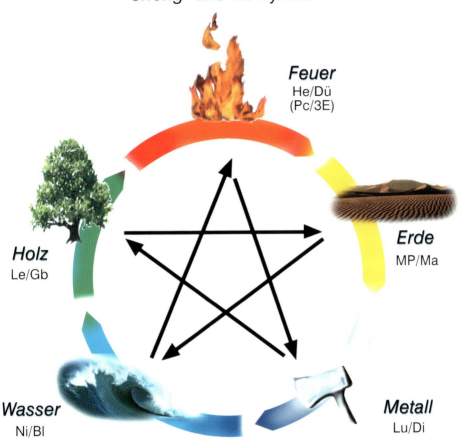

Die Organbeziehungen im Sheng- und Ko-Zyklus

ursache. Am Beispiel einer Hustenbehandlung läßt sich dies sehr gut erklären.

Wird ein Pferd wegen eines Hustens akupunktiert, werden oft Punkte ausgewählt, die entfernt von der Lunge liegen, und der Akupunkteur wird auf die Frage, zu welchem Organ denn diese Punkte gehören, möglicherweise antworten: „zur Milz" oder „zur Niere". Außerdem kann es geschehen, daß weitere Pferde, die ebenfalls wegen Hustens akupunktiert werden sollen, an wiederum ganz anderen Stellen Nadeln gesetzt bekommen.

Wonach richtet sich die Auswahl der Punkte? Die individuelle Behandlung der Patienten erfordert zuerst eine ausführliche Befragung, mit der ergründet werden soll, ob es Anfälligkeiten für bestimmte Krankheiten gibt und ob bestimmte Wetterlagen das Leistungsvermögen steigern oder mindern. Auch Charakter und Temperament sowie das Verhalten gegenüber

Artgenossen und die Stufe in der Rangordnung spielen eine Rolle. Der Zustand von Schweif, Mähne, Fell und Hufen werden ebenso untersucht wie das Maul, die Zunge, die Augen und der Puls. Anschließend werden verschiedene Akupunkturpunkte auf Empfindlichkeit untersucht. Aus dem erhobenen Befund wird auf das Element geschlossen, das sich gegenüber den anderen im Mangel oder im Übermaß befindet. Daraus ergibt sich die nötige Behandlungsrichtung.

Die Lunge (Element: Metall) ist entsprechend dieser Organauffassung zwar oft der Ort der Symptome (= des Hustens), jedoch liegt die Ursache für die energetische Störung, gerade bei chronischem Husten, häufig im Bereich des Erd- oder Wasserelements. Die Erklärung dafür findet sich im Zyklus der Erzeugung (*Sheng*-Zyklus). Danach erzeugt Erde das Metall, ist die Erde jedoch geschwächt, bietet sie dem Metall nicht mehr genügend Unterstützung.

In der Praxis hat man es in solch einem Fall mit Pferdepatienten zu tun, deren voll und tief klingender Husten sich bei feuchtem, nebligem Wetter verschlechtert. Nach chinesischer Organauffassung ist eine der Aufgaben der Milz (Element: Erde), die Feuchtigkeit im Körper in Umlauf zu halten. Wird die Milz durch nasses Wetter selbst belastet, ist sie in dieser Funktion eingeschränkt, und es sammelt sich Feuchtigkeit in der Lunge, wo sie sich zu Schleim verdichtet. Dieser behindert die Lunge in ihrer Funktion, Qi in den Körper hinabzuführen. Es entsteht eine Blockade, die zum Husten führt.

Es ist aber auch möglich, daß die Nieren (Element: Wasser) geschwächt sind und das von der Lunge herabgeführte Qi nicht entgegennehmen können. Auch in diesem Fall kommt es zu einer Qi-Blockade in der Lunge, wobei dieser Husten sich jedoch trocken und gequält anhört. Während im ersten Fall eine Unterstützung des Erd-Elements den Kern der Behandlung darstellt, ist im zweiten die Unterstützung des Wasser-Elements nötig, da sonst das Metall-Element anhaltend geschwächt bleibt.

Anhand des jeweiligen Befundes werden die nötigen Punkte zur Behandlung ausgewählt. Die zugrundeliegenden Störungen bei einem chronischen Husten liegen tief und bedürfen immer einer Akupunktur, wobei eine begleitende Akupressur durchaus förderlich wirken kann.

Unter Umständen kann auch ein Organbereich die Lunge indirekt betreffen und den Husten auslösen. Um die Ursachen solcher Störungen zu ergründen, ist die ausführliche Ermittlung der bestimmenden Wesenseigenschaften eines Pferdes der wichtigste Weg. Stellt sich dabei heraus, daß ein Pferd mit hartnäckigem Husten einen unausgeglichenen, zu Widersetzlichkeiten und Ausbrüchen neigenden Charakter hat, kann der Fall eingetreten sein, daß eine überaktive Leber (Holz) über den *Ko*-Zyklus die Milz (Erde) angegriffen hat, wodurch diese daran gehindert wird, die Lunge (Metall) im Zuge des *Sheng*-Zyklus zu unterstützen.

Die Sedierung der überschüssigen Leberenergie, wie sie hier als Auslöser

Akupressur bedeutet: Gesundheitserhaltung, Krankheitsvorbeugung und eine ausgewogene Nachsorge nach überstandenen Operationen und Erkrankungen.

des Hustens durch die unausgeglichene Gefühlslage signalisiert wird, führt dann zu einer Besserung.

Um die Konstitution eines Pferdes durch Akupressur zu unterstützen, muß herausgefunden werden, zu welchem der Pferdetypen (Gan-Typ = Leber, Pi-Typ = Milz, Shen-Typ = Niere und Herz-Typ = Xin) es gehört. Als Anhaltspunkte für eine Zuordnung dienen die 5-Elemente-Entsprechungen, wie sie in der Tabelle auf Seite 36 aufgeführt werden.

Pferdetypen in der Akupressur

Jeder, der Umgang mit einem Pferd hat, kann Akupressur anwenden, wenn er bereit ist, sich in Ruhe und ohne Eile mit seinem Pferd zu beschäftigen.

Betritt man einen Stall, reagieren die Pferde sehr unterschiedlich. Da ist der Vorwitzige: Er schaut aufmerksam aus der Boxentür, ist freundlich und wiehert vielleicht in Erwartung einer Leckerei. Aus einer anderen Box schaut der Unfreundliche: Er legt die Ohren an, schlägt mit dem Kopf und ist genervt. Man findet aber auch den Traurigen. Der wendet sich einfach langsam in der Box um und will nichts vom Eintretenden wissen. Das Verhalten unserer Pferde stellt sich also in der gleichen Situation individuell sehr unterschiedlich dar.

Bei der Anwendung der Akupressur ist die Beurteilung des Verhaltens der Pferde für die Auswahl und Anwendung der Akupressurpunkte sehr wichtig. Aus diesem Grund werden zuerst die für den Laien erkennbaren Pferdetypen beschrieben. In der Mehrzahl der Fälle wird der Leser sein Pferd bei der Beschreibung wiedererkennen. Kann er das nicht, muß er mit einem Akupunkteur in Verbindung treten, da dieser aufgrund seiner Erfahrung eine Zuordnung vornehmen kann.

Der Typ wird nicht nur durch das Verhalten des Pferdes, sondern zusätzlich auch durch seinen Körperbau und sein Zungenverhalten charakterisiert. Jeder Pferdebesitzer kennt einzelne Pferde, die sich mit zunehmendem Wohlgefühl die Zunge aus dem Maul ziehen lassen und das Spielen mit der Zunge als angenehm empfinden. Meistens ist diese Zunge relativ groß und weich. Andere Pferde wehren sich vehement, sobald man versucht, die Zunge zu ergreifen. Dabei schlüpft einem diese kleine, kurze Zunge sofort aus der Hand, und sie erscheint eher von festerer Konsistenz.

Betrachtet man den Körper der Pferde, so gibt es solche mit stark ausgeprägten Gelenken und großen Hufen, darunter manche mit der Neigung zu „angelaufenen" Beinen. Diese Beine werden durch die Bewegung wieder dünn, aber am nächsten Tag, manchmal auch abhängig vom Wetter, findet sich der gleiche Zustand wieder. Andere Pferde haben relativ kleine Gelenke und Hufe und niemals angelaufene Beine. Manche Pferde werden immer zum Winter hin krank, andere zeigen eher im Frühjahr Probleme. Wichtig ist, alle Merkmale zu registrieren, zu sammeln und anschließend in die Beurteilung miteinfließen zu lassen.

Von den vorkommenden fünf Pferdetypen können Laien drei gut erkennen:
- *Gan-* oder Leber-Typ.
- *Shen-* oder Nieren-Typ.
- *Pi-* oder Milz-Typ.

Der Xin (Chin) - oder Herz-Typ sowie der hier nicht vorgestellte Fei- oder Lungen-Typ sind nur von dem Akupunkteur zu bestimmen.

Eine Typbestimmung bedeutet nicht, daß das Pferd krank ist, sondern zeigt seine Eigenschaften und möglichen Besonderheiten auf. Wichtig ist, immer auf die Charaktereigenschaften der Pferde zu achten, da die chinesische Medizin Psyche und Körper nicht voneinander trennt. Ein Gan-Typ kann Herrvoragendes leisten, wenn er sich nicht fortwährend ärgert. Ein Shen-Typ wird sich immer bemühen, den Anforderungen des Reiters gerecht zu werden. Man muß aber auf seine Gesundheit achten und sein Selbstvertrauen stärken. Der Pi-Typ ist zuverlässig, aber träge und braucht eine sehr gute körperliche Kondition, um Leistung zu erbringen.

Die beschriebenen Pferdetypen finden sich in allen Pferderassen wieder. Ein Friese stellt zum Beispiel keinen Pi-Typ dar, nur weil er groß und gemütlich erscheint, sondern auch unter den Friesen gibt es Gan-, Shen-, Pi-, und Xin-Typen.

Daan, ein imposanter fünfjähriger Friesenhengst, steht im Shen-Typ. Die Ängstlichkeit zu Beginn seiner Ausbildung hat sich aufgrund seines guten Vertrauensverhältnisses zu seiner Reiterin weitgehend gelegt.

Der Gan- oder Lebertyp

Der Gan- oder Lebertyp ist ein dominantes Pferd. In der Herde nimmt es eine Führungsposition ein. Wird sie ihm nicht ohne weiteres zugestanden, entstehen Rangeleien, die auch zu Verletzungen führen können. Er ist nicht ängstlich, sondern unerschrocken und kann sich sehr ärgern. „Mir ist eine Laus über die Leber gelaufen", sagt ein altes Sprichwort. Es kennzeichnet diesen Charakter, den wir auch beim Menschen finden.

Diese Pferde sind sehr leistungsfähig, wenn sie mitarbeiten. Da sie sich gerne widersetzen, neigen sie zu Muskelverspannungen. Die Maulspalte ist häufig fest und angespannt. Ein Gan-Typ kann schon einen erhöhten Muskeltonus aufbauen, wenn er sich 24 Stunden über seinen Boxennachbarn ärgert. Das betrifft besonders Stuten. Deshalb muß auf eine beruhigende Umgebung geachtet werden.

Der Gan-Typ zeigt seinen Ärger deutlich.

Fehler ihres Reiters registrieren die Leber-Typen schnell und nutzen sie aus. Wichtig ist eine konsequente Erziehung.

Disharmonien:

Der Gan-Typ ist nicht schwach. Aufgrund seines Charakters muß er weniger geför-

Dakhir und Gutchi sind im Western-Riding ausgebildet. Dakhir, der Gan-Typ rechts, ist leistungsstark. Er folgt nur seinem Besitzer und nutzt bei fremden Reitern jede Chance, seinen eigenen Willen durchzusetzen. Die hochgezogenen Nüstern und die angespannte Maulspalte zeigen sein Mißfallen.

Gutchi, eine sehr liebevolle, anhängliche Stute im Shen-Typ, ordnet sich Dakhir unter und folgt ihm, wenn er als erster vorgeht, überall hin. Es brauchte viel aufbauende Zuwendung und Geduld in ihrer Ausbildung, bis die Stute sich traute, allein in fremder Umgebung, den Hilfen der Reiterin zu folgen.

dert, sondern eher beruhigt werden. Nach dem chinesischen Medizinverständnis ist das Ärgern des Gan-Typs Ursache für einen Gan- oder Leber-Qi-Stau. Dieser führt zu Muskelverspannungen. Häufig halten sich solche Pferde im Rücken fest.

Der Umgang mit einem Leberpferd erfordert immer sehr viel Geschick von seiten des Reiters. Einerseits muß der Gan-Typ sich unterordnen, um die reiterliche Hilfengebung zu akzeptieren, andererseits wird er auf unberechtigtes oder inkonsequentes Strafen sehr widerborstig reagieren.

Diese Pferde sind nach dem chinesischen Medizinverständnis anfällig gegen sogenannte äußere Wind-Erkrankungen, das heißt, sie sind anfällig für virale Atemwegsinfektionen im Frühjahr und neigen zu chronischen Bindehautentzündungen der Augen.

Der Shen- oder Nierentyp

Steht das Pferd im Shen-Typ, ist es meist ein eifriges, lernbereites, aber eher ängstliches Pferd. Es fühlt sich häufig überfordert und bringt dann das Gelernte durcheinander.

Alles Neue ist aufregend und wird meist mit aufgeregtem Schnauben und oft mit einer Fluchtreaktion quittiert. Veränderungen in der gewohnten Umgebung, etwa in der Reithalle oder auf dem bekannten Ausreitweg, scheinen unüberwindliche Hindernisse darzustellen. Diese Pferde lehnen sich gerne an ein ruhigeres Führpferd an und folgen diesem im Gelände oder an ihnen unbe-

Der Shen-Typ ist ängstlich und übereifrig.
Nachdem Al Pacino das Kompliment gelernt hatte, führte er die Lektion fortwährend aus, auch wenn sie nicht abgefragt wurde.

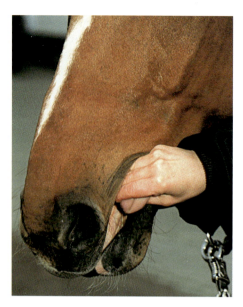

Die Zunge des Shen-Typs ist schwierig zu fassen.

kannten Objekten vorbei. Lobende und beruhigende Worte führen zum Aufbau des Selbstbewußtseins.

Pferde im Shen-Typ sind nicht dominant, sie vertragen sich in der Herde sehr gut mit anderen Pferden. Kommt es zu einem Stallwechsel, muß aufmerksam beobachtet werden, wie der Shen-Typ in einer neuen Herde zurechtkommt. Er kann leicht unterdrückt oder ausgestoßen werden.

Diese Pferde frieren schnell und sind im Winter anfällig für Infektionserkrankungen, die die Tendenz aufweisen, in einen chronischen Zustand überzugehen.

Shen-Typen haben eine kleine, feste Zunge, die sich nicht gerne fassen läßt. Die Maulspalte ist häufig klein und kurz. Die Stimme ist nicht voll, sondern erinnert an das Wiehern eines Fohlens. Der Shen-Typ ist sehr menschenbezogen und

Maverick erscheint auf den ersten Blick eher behäbig, ist aber ein Shen-Typ. Er hat eine kleine Maulspalte, weißliche Schleimhäute und einen schwachen Puls. In der Herde mit anderen Pferden hatte er eine untergeordnete Stelle. Beim Anreiten geriet Maverick in Panik und ließ sich nicht mehr regulieren. Heute hat sich sein Selbstvertrauen stabilisiert, und er läßt sich ohne Probleme reiten.

begrüßt seinen Reiter mit freudigem Wiehern, wenn er Vertrauen hat.

Disharmonien:
Die Psyche hat einen großen Einfluß auf unser Immunsystem. Genauso ist es beim Pferd. Der Shen-Typ neigt zur Ängstlichkeit. Wird er körperlich und psychisch überfordert, besonders in jungen Jahren, können Atemwegs- oder Skelettprobleme auftreten.

Ein Pferd im Shen-Typ verkraftet es kaum, wenn es in der Herde gejagt und geärgert wird. Kauft man ein ein- oder zweijähriges Pferd, muß man genau beobachten, wie es sich in die neue Umgebung einlebt, sonst wird hier die Grundlage für später auftretende Probleme gelegt. Der Spruch: „Da muß er sich durchbeißen" gilt niemals für Nierentypen.

Häufig finden sich Maulschwierigkeiten während des Reitens, hervorgerufen durch Schmerzen beim Zahnwechsel.

Der Pi– oder Milztyp

Der Pi-Typ ist ein gemütliches Pferd. Ihn bringt so schnell nichts aus der Ruhe. Diese Pferde sind durch ihre Ausgeglichenheit optimale Anfängerpferde. Der Leistungswille ist meistens nicht stark ausgeprägt. Sie lernen langsam, aber die verstandenen Lektionen werden sicher ausgeführt. Häufig ist dieser Typ zu Beginn der Reitstunde faul und wird erst fleißiger, nachdem er warm geworden ist.

Die Muskulatur fühlt sich weich an, und es besteht die Neigung zu ödematösen Beinen, die durch Bewegung dünn

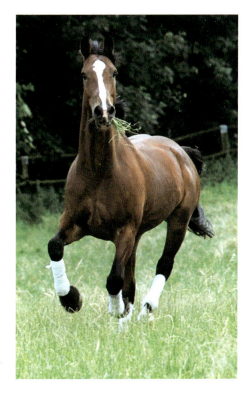

Lotos steht im Pi-Typ. Er hat eine schlaffe Zunge, häufig angelaufene Beine und ist beim Reiten sehr träge.
Er hat die Lektionen bis Dressur Kl.M sehr langsam gelernt, dafür sind sie jetzt jederzeit abrufbar. Seine größte Vorliebe ist das Fressen, und so schnell wie auf dem Bild galoppiert er nur, wenn er zum Füttern von der Wiese geholt wird.

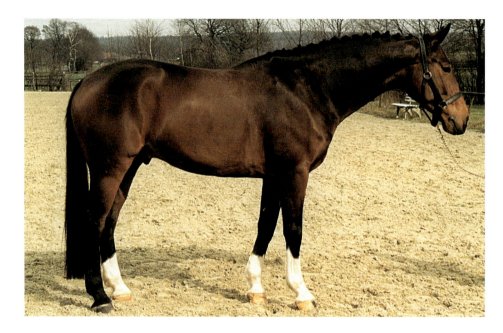

Man sieht Monticelli an, daß er ein Gemütspferd ist.

Die Zunge des Pi-Typs ist groß, weich und feucht und läßt sich leicht aus dem Maul ziehen.

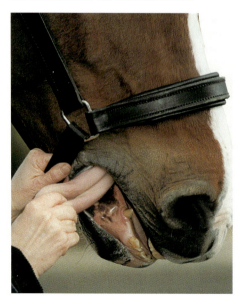

werden, aber am nächsten Morgen wieder „angelaufen" sind. Im chinesischen Medizinverständnis hat die Milz die Aufgabe, die Dinge an ihrem Platz zu halten und den Flüssigkeitstransport im Körper zu gewährleisten. Kann sie das nicht, tritt Flüssigkeit ins Bindegewebe, und es entstehen die angelaufenen Beine. Die Unterlippe kann schlaff herunterhängen. Die Zunge dieser Pferde ist groß und weich, und es wird von den Pferden als angenehm empfunden, wenn sie mit der Hand aus dem Maul gezogen wird.

Disharmonien:

Der Gleichmut des Milztyps kann sich bei geistiger und körperlicher Überbeanspruchung zur ausgesprochenen Trägheit verschlimmern. Diese Pferde ziehen sich in sich selbst zurück und reagieren dann auf die reiterliche Hilfengebung langsamer statt schneller.

Die Ausgeglichenheit und Zufriedenheit des Pi-Typs wird häufig mit Sturheit verwechselt, und der Reiter neigt dazu, mit solchen Pferden grob umzugehen. Einem ängstlichen Reiter kann solch ein Pferd aber viel Sicherheit und Freude vermitteln.

Mit verständnisvollem Training und dadurch optimaler Kraftentwicklung der Muskulatur kann der Pi-Typ zum ausgesprochenen Verlaßpferd im Turniersport werden.

Der Xin(Chin)- oder Herztyp

Der Xin-Typ ist im Umgang ein eher ruhiges Pferd. Dieses Verhalten ändert sich aber durch plötzlich auftretende Erregungszustände, die sich bis zur Hysterie steigern können. Ein Herztyp wird manchmal mit einem Shen-Typ verwechselt. Aber der Shen-Typ ist generell ängstlich und wird durch Stärkung des Selbstbewußtseins ruhiger. Der Xin-Typ ist nicht ängstlich, er kann sogar manchmal unsensibel sein.

Im chinesischen Medizinverständnis ist das Herz für die Kontrolle des Verstandes und des Geistes zuständig. Gelingt dies nicht, kommt es beispielsweise zu epileptischen Anfällen. Die Xin-Typen regen sich über Dinge auf, die für den Reiter häufig unverständ-

Der Xin-Typ läßt sich nur durch Akupunktur beeinflussen.

Mescalero geht erfolgreich Grand-Prix. Er ist im Umgang behäbig, konnte sich aber als Xin(Herz)-Typ urplötzlich erschrecken und nervös werden. Dabei schwitzte er häufig am ganzen Körper nach. „Der Geist wohnt im Herzen, deshalb kontrolliert das Herz den Geist", sagt die chinesische Medizin. Mescalero schwitzte nach der Akupunkturbehandlung nicht mehr nach und verkraftete die sportlichen Anforderungen besser.

lich sind. Heute ist es die Hallentür, morgen die Wasserpfütze, übermorgen das Verladen auf den Hänger. Dabei werden sie nicht ärgerlich wie der Gan-Typ, und sie lassen sich auch nicht beruhigen wie der Shen-Typ. Die Xin-Typen schwitzen häufig nach, das heißt sie trocknen während des Schrittreitens, beginnen aber in der Box wieder zu schwitzen.

Der Akupunkteur erkennt einen Xin-Typ über die Zungen- und Pulsdiagnose. Die Akupressur beeinflußt den Herztyp leider nicht, während er auf die Akupunktur sehr gut anspricht.

Akupressurpunkte zum psychischen Ausgleich der Pferdetypen

Um eine optimale Akupressur durchzuführen, sollte zuerst ein erfahrener Akupunkteur zusammen mit dem Besitzer das Pferd untersuchen und feststellen, ob überhaupt ein Energieungleichgewicht besteht und wie man dieses behandeln kann. Die Beeinflussung der Disharmonien der beschriebenen Pferdetypen erfolgt über Akupressurpunkte mit einer psychischen Wirkung.

Allerdings besitzt jeder Akupunkturpunkt nicht nur eine einzige Wirkung. Der Punkt Magen 36, *Zusanli*, kann zum Beispiel Appetitlosigkeit beheben, aber auch das Immunsystem stärken. Leber 3, *Taichong*, wirkt beruhigend auf die Psyche, löst aber auch Muskelverspannungen. Deshalb kann ein Punkt für verschiedene Probleme eingesetzt werden. Meistens müssen Punkte miteinander kombiniert werden, um eine

Nicki ist vierundzwanzig Jahre alt. Die Akupunktur und Akupressur unterstützen ihn, auch wenn er uns die Zunge herausstreckt.

optimale Behandlung zu erreichen. Nachfolgend sind drei Akupressurpunkte beschrieben, die zusätzlich zur körperlichen Wirkung einen ausgleichenden Einfluß auf einen der drei dargestellten Pferdetypen haben.

Leber 3 (Le 3)
Taichong – Großes Branden

Lokalisation
- Innen am Hinterbein,
- unterhalb des Sprunggelenks
- hinter dem Griffelbeinköpfchen

Wirkung:
- Unterdrückt Leber-Yang.
- Fördert den Fluß des Leber-Qi.
- Wirkt sehr beruhigend bei ungeduldigen, aggressiven Pferden.
- Harmonisiert bei streßbedingter Anspannung.
- Beruhigt Spasmen und Krämpfe des Verdauungsapparates.
- Lindert Bindehautentzündungen des Auges.

Erklärung:
Nach chinesischer Vorstellung besteht die Hauptaufgabe der Leber = *Gan* darin, den reibungslosen Qi-Fluß (die Energie, die in den Meridianen fließt) zu gewährleisten. Dadurch gewinnt sie Einfluß auf alle Funktionen im Körper.

Das Leber-Qi kann nie schwach sein, aber sehr wohl gestaut werden. Häufig findet sich dadurch Gan im Füllezustand, und dies hat nicht nur körperliche, sondern auch emotionale Auswirkungen, die sich in allgemeiner Anspannung, Reizbarkeit und Zorn äußern können („Mir ist eine Laus über die Leber gelaufen."). Diese psychische Reaktion führt wiederum zu Muskelverspannungen oder zu streßbedingten Bauchschmerzen („Mir ist vor Anspannung schon übel."). Wird dieser Kreislauf nicht unterbrochen, schaukelt er sich immer weiter auf. Le 3 stellt einen bedeutenden Punkt dar, der diese Füllezustände beeinflussen kann und das Leber-Qi harmonisiert.

Anwendung:
Emotionale Probleme sind die häufigste Ursache für einen Leber-Qi-Stau. Deshalb zeigen Pferde, die dem Gan-Typ

angehören, eine Neigung, auf reiterliche Anforderungen mit Reizbarkeit und Muskelverspannungen zu reagieren. Auch Boxennachbarn, die als unangenehm empfunden werden, führen zu Reaktionen wie Ohrenanlegen, Kopfschlagen und Ausschlagen mit den Hinterbeinen. Ein Pferd, das sich Stunden über seinen Boxennachbarn geärgert hat, wird sicherlich nicht ausgeglichen und freudig der Reitstunde und neuerlichen Anforderungen entgegensehen. Pferde in dieser Gemütslage verspannen ihre Muskulatur natürlich zusätzlich.

Der Yin-Yang-Ausgleich harmonisiert den Geist und den Körper.

Der Punkt *Taichong* ist ein hervorragender Akupressurpunkt, der das Gan-Qi harmonisiert. Bei allen überschießenden psychischen Reaktionen der Gan-Typen ist er beidseitig in Kombination mit einem Yin-Yang Ausgleich (siehe Kapitel „Die Praxis") einzusetzen. Natürlich muß zusätzlich das Umfeld dieser Pferde optimiert werden.

Wiederholt auftretende Bindehautentzündungen lassen sich durch Le 3 positiv beeinflussen.

Beispiel:
Joy, eine 10jährige Stute, wird zur Untersuchung vorgestellt. Während der letzten Saison war sie erfolgreich in L-Dressuren plaziert. In den letzten drei Monaten hatte die Besitzerin begon-

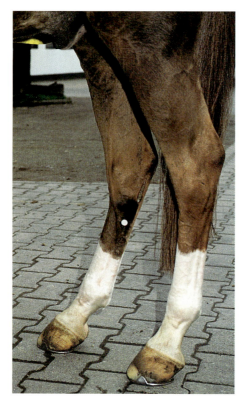 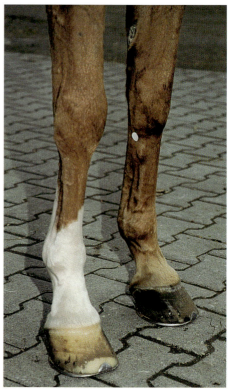

Oben links: Le 3, Taichong, beruhigt das ärgerliche Pferd.

Oben rechts: Dickdarm 4 (Di 4), Hegu, ist ein sehr wirkungsvoller Schmerzpunkt und beruhigt.

nen, fliegende Wechsel zu reiten. Zuerst hatte Joy sehr schnell die Hilfengebung begriffen. Als die fliegenden Wechsel aber perfektioniert werden sollten, verspannte die Stute sich in der Rückenmuskulatur und wehrte sich gegen die Hilfen der Reiterin.

Zeitgleich zu den Problemen beim Reiten traten auch Probleme im Umgang auf. Joy begann sich in der Box umzudrehen und der Besitzerin die Hinterhand zuzuwenden, wenn sie sie auftrensen wollte. Diese hatte versucht, das Pferd zu strafen, meinte aber, eher eine Verschlechterung als Verbesserung herbeigeführt zu haben.

Joy steht im Leber-Typ. Sie hatte immer sehr leicht gelernt, aber auf falsche Hilfengebung oder zu häufige Wiederholung einer Lektion mit Widerstand reagiert. Die Reiterin war sehr routiniert in der Pferdeausbildung und hatte sich mit der Reizbarkeit der Stute arrangiert, zumal sie auf Turnieren keinerlei Angst zeigte und auf dem Viereck hervorragend ging. In den Jahren zuvor hatte die Reiterin auf die Widersetzlichkeiten der Stute reagiert, indem sie die Anforderungen für kurze Zeit reduzierte.

Diesmal hatte sie aber gemeint, die Stute sei „allmählich alt genug, um Druck auszuhalten". Aber ein Leber-Typ bleibt ein Leber-Typ – sein Leben lang. In diesem Falle hatte sich schon ein Gan-Qi-Stau entwickelt, und es traten Muskelverspannungen im Rücken auf.

Joy wurde akupunktiert, und nach 10 Tagen erfolgte die Nachuntersuchung. Joy brauchte kein zweites Mal akupunktiert zu werden.

Zur Ergänzung der Therapie akupressierte die Reiterin die Punkte Le 3, Gb 20, Di 4 weitere 14 Tage. Die Stute wurde zunehmend ausgeglichener und arbeitswilliger, so daß die Saison erfolgreich verlief.

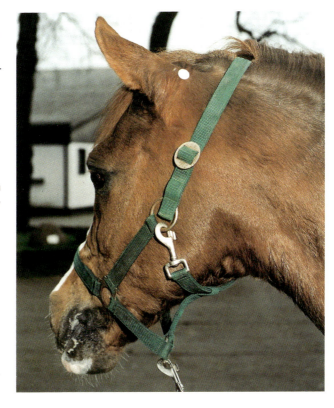

Gallenblase 20 (Gb 20), Fengchi, ist schmerzlindernd und windausleitend.

Niere 3 (Ni 3)
Taixi – Großer Wildbach

Lokalisation
- Innen am Hinterbein,
- zwischen Sprunggelenkshöcker und Tibia (Unterschenkel)

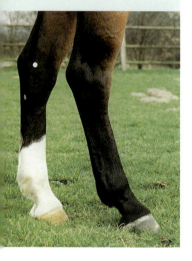

Wirkung:
- Unterstützt den Fluß des Nieren-Qi.
- Stärkt die Niere bei Schwäche, unabhängig ob Nieren-Yin- oder Nieren-Yang-Mangel.
- Lindert Schmerzen in der Lumbal- und der Knieregion.
- Hilft bei Problemen des Geschlechtsapparates.

Erklärung:

In der chinesischen Medizin wird die Niere, auch *Shen*, als Grundlage aller Lebensvorgänge angesehen. Shen ist für Geburt, Wachstum und Fortpflanzung zuständig. Ist Shen stark, kann das Pferd ohne Probleme über lange Zeit Leistung erbringen. Bei einer Nieren-Schwäche ist das Pferd schnell erschöpft und krankheitsanfällig.

Angst ist die psychische Komponente von Shen („Ich mache mir vor Angst in die Hose."). Angst und Streß wirken sich nachteilig auf unser Immunsystem aus. Wenn die schwache Niere nicht fähig ist, das Lungen-Qi zu empfangen, kommt es zum Beispiel zu Atemwegserkrankungen.

Der Punkt *Taixi* belebt das Nieren-Qi und fördert damit unsere Lebensenergie. Stauungen im Nierenmeridian, die sich in Schmerzen äußern, können aufgehoben werden. Bei Problemen im Genitalbereich (zum Beispiel Unfruchtbarkeit) wird Ni 3 mit anderen Punkten in der Akupunktur angewandt. Es ist auch ein vorzüglicher Punkt, um das Selbstvertrauen eines Pferdes zu stärken.

Beispiel:

Andretto, ein 8jähriges Freizeitpferd, hatte vor vier Wochen den Stall gewechselt. Im alten Stall bekam er täglich sechs Stunden Weidegang in der Gesellschaft von anderen Pferden und fühlte sich sehr wohl. In der neuen Herde wurde er als Neuling jeden Tag gejagt, stand abseits und zeigte nach einiger Zeit während des Ausreitens extreme Angstreaktionen.

„Andretto ist ein liebevolles, friedfertiges, eher ängstliches Pferd", berichtete die Besitzerin. Leider war sein Selbstbewußtsein durch den Stallwechsel und die Unterdrückung in der Herde stark beeinträchtigt. Die Besitzerin begann nach Absprache mit mir eine tägliche Akupressur von Ni 3 und einen Yin-Yang-Ausgleich.

Nach einer Woche war das Verhalten im Gelände wesentlich verbessert, aber innerhalb der Herde blieb die Situation unverändert. Die Störung lag also schon tiefer, und um eine stärkere Wirkung zu erreichen, mußte Andretto zusätzlich akupunktiert werden. Voller Begeisterung erfolgte drei Tage später die Meldung: „Andretto hat sich in der Herde einmal richtig gewehrt. Er hat jetzt einen Pferdefreund gefunden und kann sich unbelästigt auf der Weide bewegen."

Milz-Pankreas 6 (MP 6)
Sanyinjiao – Treffen der drei Yin

Wirkung:
- Tonisiert die Milz.
- Beseitigt Nässe.
- Kreuzungspunkt des Milz-, Leber-, und Nierenmeridians, fördert den Qi-Fluß in diesen drei Leitbahnen.
- Nährt Blut und Yin.
- Beruhigt den Geist.
- Lindert Schmerzen.
- Beeinflußt gynäkologische Schmerzen.

Erklärung:
Die Milz, auch *Pi* genannt, wird auch als unsere „Innere Mitte" oder „Inneres Gleichgewicht" bezeichnet. Die Milz ist das Zentrum der Qi-Bildung. Pferde im Milztyp neigen zu angelaufenen Beinen oder Unterbauchödemen. Ihre Muskulatur ist eher weich, und sie haben häufig eine hängende Unterlippe. Sie lernen langsam, aber wenn sie etwas verstanden haben, vergessen sie es nicht mehr. MP 6 hilft, die Nässe im Milzmeridian und damit die angelaufenen Beine zu beseitigen. Durch die Unterstützung der drei Yin-Meridiane werden die Pferde lebhafter. Die

Lokalisation
- Innen am Hinterbein,
- eine Handbreit über dem Sprunggelenk am hinteren Rand der Tibia (Unterschenkel)

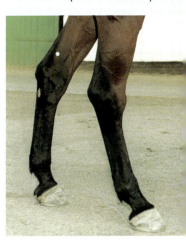

Der Pi-Typ hat häufig eine hängende Unterlippe.

Trägheit zu Beginn der Reitstunde verkürzt sich oder verschwindet ganz.

Beispiel:
Samson, ein vierjähriger Wallach im Milztyp, hatte trotz regelmäßigen Weidegangs angelaufene Hinterbeine. Sein Allgemeinbefinden und seine Rittigkeit waren hervorragend. Die Besitzerin akupressierte dreimal in der Woche Di 4, Dü 3, Ma 36 und MP 6. Nach fünf Wochen waren die Beine in Ordnung.

Dies ist ein seltenes Beispiel für eine leichte Meridianstörung, die allein mit einer Akupressur behoben werden konnte. Meistens liegt jedoch eine tiefergehende energetische Störung vor, die zuerst mit einer Akupunktur behandelt werden muß.

Zusammenfassung:
Alle drei beschriebenen Punkte, Le 3, Ni 3 und MP 6, haben einen vielfältigen Wirkungskreis. Sie können zur Unterstützung des jeweiligen Pferdetyps jederzeit akupressiert werden.

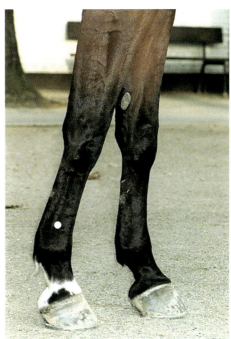

Oben links: Di 4, Hegu, hat eine ausleitende Wirkung. Hegu ist ein eindrucksvoller Schmerzpunkt.

Oben rechts: Dünndarm 3 (Dü 3), Houxi, wirkt besonders auf Muskulatur und Sehnen.

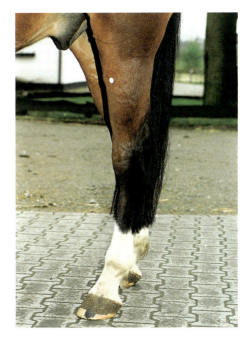

Magen 36 (Ma 36), Zusanli, leitet Nässe aus und beeinflußt die angelaufenen Pferdebeine.

Die Anwendung der Akupressur

Vorbereitung

Vor jeder Akupressurbehandlung sollte der Reiter oder Pferdebesitzer sich fragen, welches Ziel er erreichen möchte. Erscheint ihm zum Beispiel sein Pferd in den letzten Tagen oder Wochen unausgeglichen, kann die Akupressur einen psychischen Ausgleich schaffen.

Unser Pferd ist ein Herdentier. Immer wenn neue Eindrücke auf Pferde zukommen, die zu einer Verunsicherung führen könnten, zum Beispiel ein Stallwechsel, ein langer Transport oder ein großer Ausritt, macht es sich bezahlt, die Akupressur im Vorfeld anzuwenden. Man beginnt drei Tage vor dem Ereignis mit der Akupressur der Punkte des Yin-Yang-Ausgleichs (siehe Kapitel „Die Praxis", Seite 85) und dem Punkt, der dem jeweiligen Pferdetyp entspricht.

Liegt ein körperliches Problem vor, ist es ratsam, sich mit einem Akupunkteur abzusprechen. Die Akupressur kann nicht heilen, aber jede Art von Therapie unterstützen.

Die Umgebung, in der die Akupressur ausgeübt wird, darf nicht zu unruhig sein. Natürlich kann man Freunden zeigen, wie die Akupressur angewendet wird. Die besten Ergebnisse erzielt man aber, wenn die Konzentration allein auf das Pferd gerichtet ist.

Man sollte nicht versuchen, Akupressur anzuwenden, wenn man müde oder nervös nach einem anstrengenden Tag oder einem beunruhigenden Erlebnis in den Stall kommt. Betritt der Reiter in Eile den Stall, geht zu seinem Pferd und akupressiert einen Punkt, wird er eher Unwillen gegen die Behandlung auslösen als eine Entspannung erreichen. Daher sind einige Übungen vor der Akupressur angebracht, um sich selbst soweit wie möglich ins energetische Gleichgewicht zu bringen:

- Stellen Sie sich ruhig hin und entspannen Sie Ihre Muskeln, auch die Gesichtsmuskulatur.
- Konzentrieren Sie sich einige Minuten auf sich selbst und atmen Sie zwei- bis dreimal tief ein und aus. Das dient dazu, die Energie im *Dantian* (handtellergroßer Bereich unterhalb des Nabels, auf den die Hände gelegt werden) zu sammeln.
- Nun reiben Sie sich die Hände, bis Sie Wärme verspüren.
- Dann streichen Sie mit der rechten Hand zehnmal über den Handrücken der linken Hand.
- Reiben Sie sich wieder die Hände und verteilen Sie anschließend mit der linken Hand die Wärme über den rechten Handrücken. Damit aktiviert man seine eigene Energie, sein Qi. Mit kalten Händen soll überhaupt nicht akupressiert werden.

- Die rechte, geschlossene Faust beginnt, am inneren linken Handgelenk in Richtung Schulter mit kleinen Schlägen die Innenseite des Arms abzuklopfen. Dadurch werden die Yin-Meridiane Lunge, Herz und Pericard aktiviert.
- In Höhe der Schulter wechselt die Faust auf die Außenseite des Arms und klopft diesen bis zum Handgelenk ab. So werden die Yang-Meridiane Dünndarm, Dickdarm und Dreifacher Erwärmer angeregt.
- Anschließend klopfen Sie mit der linken Faust den rechten Arm in der oben beschriebenen Weise ab.
- Noch einmal die Handflächen reiben und in Ruhe mit der Akupressur beginnen.

Vor Beginn der eigentlichen Behandlung ist es wie gesagt wichtig, den jeweiligen Pferdetyp zu bestimmen.

Akupressur wirkt nicht so intensiv wie die Akupunktur, und deshalb ist es besonders wichtig zu wissen, ob das Pferd beruhigt oder belebt werden muß. Einen Shen(Nieren)-Typ, der sehr ängstlich ist, beruhigt man normalerweise mit Worten. In der chinesischen Medizin aber wird er belebt mit dem Punkt Ni 3, der das Nieren-Qi hebt, um sein Selbstbewußtsein zu fördern und seine Angst zu überwinden. Ein Gan(Leber)-Typ dagegen ärgert sich schnell, neigt zu Muskelverspannungen und kann durch den Punkt Le 3 ausgeglichen werden.

Um Akupressur erfolgreich anwenden zu können, muß der Behandelnde Lage und Funktion der Akupressurpunkte genau kennen.

Zusammenfassung:
- Zielvorstellung klären
- Ruhige Umgebung schaffen
- Sich selbst entspannen und vorbereiten
- Den Pferdetyp bestimmen
- Lage und Anwendung der Akupressurpunkte kennen

Untersuchung

Anschauen des Pferdes

Zuallererst wird das Pferd angeschaut, aber noch nicht angefaßt. Der Gesamteindruck ist wichtig. Sieht das Pferd zufrieden und wohlgenährt aus oder wirkt es mager und unausgeglichen? Diesen ersten Eindruck behält man im Gedächtnis und betrachtet in der unten beschriebenen Reihenfolge sein Pferd.

Ernährungszustand: Mager, gut genährt, fett?
Fellqualität: Glattglänzend, stumpf, dicht, haarlos, einzelne Stellen haarlos? (Feststellen, ob sie in einem Meridianverlauf liegen oder nicht)
Gelenke und Hufe: Im Verhältnis zum Körper kleine oder große Gelenke und Hufe? Wenn Gelenksgallen vorhanden:

Lage und Füllungszustand (weich, hart)? Hufkonsistenz brüchig, hart, spröde?
Gesichtsausdruck: Mundspalte klein, groß?
Unterlippe: Hängend oder anliegend?
Maulmuskulatur: Weich oder angespannt?
Ohren: Aufmerksam nach vorne gerichtet, angelegt oder entspannt seitlich geneigt?
Augen: Wach geöffnet oder schläfrig geschlossen?
Körperbau: Harmonisch oder sind körperliche Problemzonen zu erkennen, zum Beispiel ein hochaufgesetzter Hals kombiniert mit einem schwachen Rücken? Sieht man Asymmetrien, zum Beispiel ein schiefes Becken oder eine Verstellung im Vorderbein?
Muskelaufbau: Wirkt das Pferd athletisch muskulös oder erscheint die Muskulatur eher flach und nicht sehr ausgeprägt? Ist die Muskulatur auf einer Seite stärker ausgebildet?
Schweif: Wird der Schweif gerade oder schief gehalten? Hängt er schlaff herunter oder wirkt er starr weggestreckt?
Beweglichkeit: Kann das Pferd sich wenden und drehen oder wirkt es steif und unbeweglich?
Verhalten: Aufdringlich, ängstlich, frech, desinteressiert, abweisend? Interesse an der Umgebung? Verhalten gegenüber anderen Pferden? Verhaltensänderungen in der letzten Zeit? Wie äußern sich diese?

Den richtigen Gesamteindruck erhält der Betrachter, wenn das Pferd sich ungezwungen bewegen kann, zum Beispiel auf der Weide oder in seiner Box. Dabei kann zusätzlich das Verhalten in der Herde oder zu den Boxennachbarn registriert werden.

Wichtig ist, sein Pferd immer wieder unvoreingenommen zu betrachten. Ein gesundes Pferd sollte ein glänzendes Fell haben, wach, aber zutraulich schauen und wohlgenährt sein.

Schon kleine Abweichungen von diesem gesunden Zustand sollten erkannt und behandelt werden, bevor ein richtiger Krankheitsprozeß einsetzt.

Abtasten des Pferdes

Nachdem der Betrachter einen ersten optischen Eindruck gewonnen hat, tastet er das Pferd ab.

Als erstes läßt er das Pferd an seinen Händen schnuppern und nimmt dadurch Kontakt mit ihm auf.

Auf keinen Fall sofort in den Rückenbereich fassen! Die meisten Pferde reagieren erschreckt und drücken den Rücken nach unten weg oder springen zur Seite.

Nachdem wir das Pferd begrüßt haben, wird zuerst über den Hals, den Rücken und die Kruppe gestrichen. Reagiert das Pferd abweisend, entfernt man sich ein paar Schritte von ihm und bleibt stehen, ruhig wartend, bis es sich uns wieder zuwendet. Erst dann beginnt das Abtasten. Bei der Akupressur gibt es keine Eile!

Wärme-/Kälteunterschiede

Das Tasten beginnt am Widerrist. Mit dem Handrücken, nicht mit den Handflächen, beider Hände streicht der Begutachter über sein Pferd. Dabei werden kühle und warme Bezirke am Körper registriert. Die Beine sind im allgemeinen

Ruhige und vorsichtige Kontaktaufnahme ist die Grundlage für den Aufbau eines Vertrauensverhältnisses.

kühler als der Körper. Die Gliedmaßen der Pi-Typen erscheinen häufig angelaufen und genauso warm wie der Körper. Shen-Typen fühlen sich oft kühler an und frieren auch schneller als andere Typen.

Fällt die Beurteilung schwer, wird zum Vergleich ein anderes Pferd abgetastet. Finden sich wärmere oder kühlere abgegrenzte Hautbezirke, stellt man später fest, ob sie im Bereich eines Meridians liegen.

Die Muskulatur

Die Beschaffenheit der Muskulatur des Pferdes wird mit den Handflächen untersucht. Pi-Typen weisen eher eine weiche Muskulatur auf. Die Muskeln des Gan-Typs sind von fester Konsistenz. Wichtig ist zu überprüfen, ob einzelne Muskelgruppen stärker oder schwächer ausgebildet sind als die der anderen Seite. Finden sich Ungleichmäßigkeiten, wird abgetastet, ob eine vermehrte Wärme oder Druckschmerzhaftigkeit besteht. Auch dabei ist der Verlauf der Meridiane zu beachten.

Der Rücken

Der Rücken wird vom Schulterblatt und Widerrist ausgehend bis zum Schweifansatz untersucht. Die Handflächen streichen nur mit leichtem, stetigem Druck beidseitig der Wirbelsäule entlang. Wird zuviel oder zu plötzlicher Druck ausgeübt, empfindet es jedes Pferd als unangenehm.

Finden sich abgrenzbare, schmerzhafte Muskulaturbezirke, muß man die

Shu-Punkt-Untersuchung durchführen (siehe S. 70). Eine generelle leichte Muskelverspannung kann über die im Kapitel „Die Praxis" angegebenen Punkte eine Woche lang behandelt werden. Tritt keine Besserung ein, muß mit einem Tierarzt oder Akupunkteur gesprochen werden.

Eine Rückenmuskelverspannung kann viele Ursachen haben. So erzeugen schlecht sitzende Sättel einen chronischen Schmerz. Auch eine geringgradige Lahmheit kann einen Rückenschmerz hervorrufen. Hat ein Springpferd zum Beispiel eine ausgesprochene Abneigung gegen Oxer, liegt dies häufig an seiner Angst vorm Landen, weil ihm die Beine weh tun. Natürlich hält es sich deshalb im Rücken fest, und die Rückenmuskulatur verspannt sich. Wird in solch einem Fall nur der Rücken behandelt, entsteht nur eine kurzfristige Verbesserung. Die Ursache liegt im Schmerz der Beine, und dies muß zuerst schulmedizinisch abgeklärt und behoben werden. Anschließend wird dann der Rücken behandelt.

Hals und Genick

Steht man auf der linken Seite des Pferdes, liegt die rechte Hand auf dem Widerrist. Am Halsansatz, vor der Schulter, faßt die linke Hand über den *Musculus brachiocephalicus*, und der Daumen drückt in die Tiefe, auf den Punkt Di 16, *Jugu*. Dieser Punkt wird zur Diagnostik und zur Therapie eingesetzt. Er wird wie alle Punkte, die zur Diagnostik eingesetzt werden, auf beiden Körperseiten untersucht.

Dickdarm 16 (Di 16), Jugu, wird sowohl zur Untersuchung als auch zur Therapie eingesetzt.

Gallenblase 20 (Gb 20), Fengchi Blase 10 (Bl 10), Tianzhu

Bei Verspannungen im unteren Halsbereich schlägt das Pferd unwillig mit dem Kopf oder schnappt nach der untersuchenden Hand. Eine Schmerzhaftigkeit in diesem Punkt kann auftreten, wenn eine Störung im Dickdarmmeridian vorliegt. Dieser verläuft vom Huf am Vorderbein entlang bis zu den Nüstern.

Zwei weitere Punkte zur Überprüfung liegen in der Nackengegend. Gb 20, *Fengchi*, wird druckempfindlich bei Schmerzen und Verspannungen im Genick. Das gleiche gilt für Bl 10, *Tianzhu*, der aber auch bei Verspannungen der tiefen Rückenmuskulatur anspricht und Stauungen im Blasenmeridian anzeigt.

Pferde, die bei der Überprüfung dieser Punkte keinen Unwillen zeigen, haben in diesen Bereichen auch keine Verspannungen.

Maul und Zunge

Das Maul und die Maulspalte wurden schon betrachtet und werden nun zusätzlich betastet. Außerdem wird das Zungenverhalten beurteilt. Dazu muß die Zunge nicht vollständig aus dem Maul gezogen werden.

Das Maul des Pi-Typs

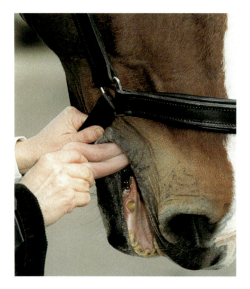
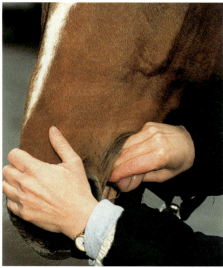

Oben links: Der Pi-Typ empfindet das Festhalten seiner Zunge als angenehm.

Oben rechts: Der Shen-Typ läßt seine Zunge ungern greifen.

Rechts: Das Maul des Gan-Typs ist angespannt, die Lippenmuskulatur fest.

Das Maul des Pi-Typs ist weich und meist groß. Die Maullippen sind entspannt. Die Zunge läßt sich leicht aus dem Maul ziehen. Sie ist sehr feucht, groß und weich.

Die Lippen- und die Maulmuskulatur des Gan-Typs sind häufig angespannt. Das Herausziehen der Zunge erzeugt eine ärgerliche Abwehrreaktion. Die Zunge ist von fester Konsistenz.

Der Shen-Typ ist ängstlich, wenn die Zunge ergriffen werden soll. Das Maul und die Maulspalte sind häufig klein. Die Zunge ist klein und läßt sich schwer fassen. Die Schleimhäute wirken weißlich.

Untersuchung des Außerordentlichen Meridians – *Dai Mai* **(Gürtelgefäß)**
Zwischen der Vorhand und der Hinterhand verläuft ein Außerordentlicher Meri-

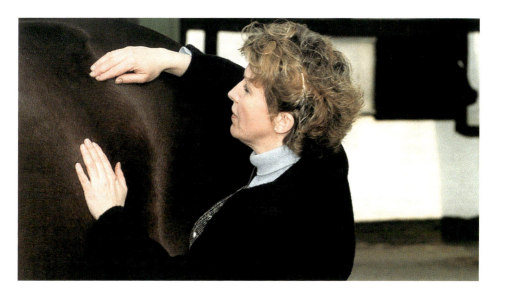

Zur Untersuchung des Dai-Mai auf der linken Seite liegt die linke Hand an der Bauchwand, um Kontakt mit dem Pferd zu halten. Die rechte Hand ruht auf dem Hüfthöcker, und die nach vorn gerichteten Fingerspitzen überpüfen das Gürtelgefäß.

dian, das Gürtelgefäß oder der *Dai Mai*. Eine Stauung in diesem Meridian blockiert den Qi-Durchfluß von hinten nach vorne und umgekehrt.

Bei jedem Betasten muß der Dai Mai untersucht werden. Dazu wird die rechte Handfläche auf den Hüfthöcker gelegt. Die Fingerspitzen zeigen nach vorne. Die Handfläche wird leicht gewölbt, und die Fingerspitzen üben einen leichten Druck auf die obere seitliche Bauchwand aus. Bei einer Störung ist der Dai Mai druckempfindlich, und das Pferd reagiert mit

Wegtreten, Unwillen oder Hinterbeinanheben.

Ein Stau im Gürtelgefäß kann über den Punkt Gb 41, *Zulinqi*, gelöst werden. In der Akupunktur wird dieser Vorgang als „Öffnen des Dai Mai" bezeichnet. Alle

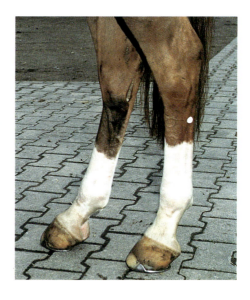

Gallenblase 41 (Gb 41), Zulinqi, öffnet das Gürtelgefäß.

Außerordentlichen Meridiane haben Öffner auf einem der 12 Meridiane. Zulinqi ist der Öffner des Gürtelgefäßes. Er wird für 30 bis 60 Sekunden akupressiert. Der Punkt liegt unter dem Sprunggelenk, außen am Hinterbein (siehe Punktbeschreibung, Seite 130). Danach wird das Gürtelgefäß wieder untersucht, und wenn Gb 41 richtig getroffen wurde, ist der Dai Mai nicht mehr druckempfindlich. Ansonsten wiederholt man den Vorgang.

Die Überprüfung und falls nötig das Öffnen des Dai Mai sollte vor jeder Behandlung durchgeführt werden.

Zusammenfassung:
- Kontakt mit dem Pferd aufnehmen.
- Wärme- und Kälteunterschiede am Pferdekörper mit dem Handrücken erfühlen.
- Muskulaturbeschaffenheit mit Handflächen feststellen.
- Rückenmuskulatur untersuchen.
- Genick und Hals untersuchen.
- Maul und Zungenverhalten überprüfen.
- Das Gürtelgefäß, Dai-Mai, öffnen.

Einordnen der Beobachtungen

Nachdem der Reiter sein Pferd in der beschriebenen Form betrachtet und betastet hat, kann er den Pferde-Typ bestimmen. Gelingt ihm die Bestimmung nicht, hilft ihm ein Akupunkteur. Dies bedeutet keineswegs, daß sein Pferd unbedingt behandelt werden muß. Aber durch die Zuordnung seines Pferdes zu einem bestimmten Typ wird der Reiter einerseits geduldiger mit den dem Typ entsprechenden reiterlichen Problemen umgehen und anderseits schneller reagieren, wenn eine Disharmonie entsteht.

Bei der Betrachtung seines Pferdes sollte der Reiter nie vergessen, daß auch er festgelegte Verhaltensweisen aufweist. Trifft ein Pferde-Gan-Typ auf einen menschlichen Gan-Typ, gibt es höchstwahrscheinlich Konflikte. Aus diesem Grunde ist eine kritische Selbsteinschätzung die beste Voraussetzung zu einer erfolgreichen Akupressur.

Stellt sich die Muskulatur des Pferdes verspannt dar, sollten die nachfolgend beschriebenen Shu-Punkte untersucht werden. Ansonsten kann eine Akupressur zehn Tage lang entsprechend dem Kapitel „Die Praxis" durchgeführt werden. Tritt in diesem Zeitraum keine deutliche Besserung ein, muß mit einem Tierarzt oder Akupunkteur gesprochen werden.

Wichtig: Die folgende Beschreibung der Untersuchung der Shu-Punkte ist für den Anfänger in der Akupressur relativ schwierig umzusetzen. Die praktische Anwendung erlernt man am besten in einem Akupressurkurs. Theoretisch sollte aber jedem die Bedeutung dieser Punkte klar sein. Der Leser, der seinem Pferd ausschließlich eine energetische Unterstützung geben möchte und ansonsten keine gravierenden Probleme beim Umgang und Reiten hat, braucht deshalb die Shu-Punkte nicht erlernen, sondern wendet die Behandlungsmöglichkeiten an, die im Kapitel „Die Praxis" beschrieben werden.

Die Shu-Punkte

Durch das Streichen über Hals und Kruppe hat das Pferd sich an die Berührung gewöhnt. Der Untersucher hat festgestellt, wie berührungsempfindlich das Pferd ist, und läßt für die folgende Untersuchung der Shu-Punkte ein Halfter anlegen. Entweder hält ein Helfer das Pferd am langen Strick, oder es wird lang angebunden. Wichtig ist es, auf die Mimik und das Ohrenspiel des Pferdes bei der Untersuchung der Shu-Punkte zu achten.

Die Untersuchung beginnt für den Akupresseur am Rücken. Die Akupunkturpunkte werden nicht ausschließlich zur Behandlung, sondern auch zum Erkennen einer Erkrankung eingesetzt. Ein Schmerz oder eine Erkrankung können den Fluß eines Meridians beeinflussen.

Die Erfahrung in der chinesischen Medizin hat gezeigt, daß es einige Akupunkturpunkte gibt, die druckempfindlich werden, sobald ein Meridian oder ein Organ gestört ist. Dazu gehören etwa die Mu- oder Alarm-Punkte, die bei Störungen schmerzhaft werden. Diese Punkte sind teilweise für den Laien schwierig zu finden.

Eine weitere Möglichkeit, eine Meridianstörung herauszufinden, besteht in dem Abtasten der Shu-Punkte. Diese wer-

Die Shu-Punkte liegen auf dem Blasenmeridian.

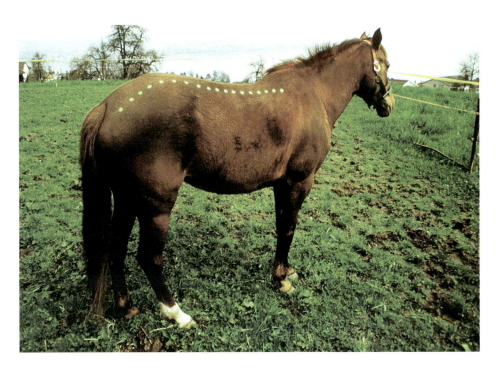

den auch als Assoziations- oder Zustimmungspunkte bezeichnet. 12 Shu-Punkte sind am wichtigsten. Sie liegen auf dem inneren Verlauf des Blasenmeridians auf dem Rücken und werden nach den ihnen zugehörigen Meridianen und Funktionskreisen benannt. Also heißt beispielsweise der Shu-Punkt für den Lebermeridian *Gan-Shu* oder Shu-Punkt der Leber oder, nach seiner Numerierung auf dem Blasenmeridian, Bl 18.

Obwohl alle Shu-Punkte auf dem Blasenmeridian liegen, hat jeder eine enge Beziehung zu seinem Meridian und Funktionskreis. Sie reagieren bei der Untersuchung empfindlich, sobald die Organenergie oder der Meridian gestört ist. Der Gan-Shu-Punkt wird also schmerzhaft, wenn die Leberenergie gestört und/oder der Lebermeridian gestaut ist.

In der Akupunktur werden die Shu-Punkte zur Therapie verwendet und genadelt. Sie stellen damit nicht nur diagnostische, sondern auch therapeutische Punkte dar.

Ich habe mich bemüht, das Auffinden der Shu-Punkte und deren diagnostische Einschätzung verständlich darzulegen. Die Erfahrung hat aber gezeigt, daß die Handhabung der Untersuchung der Shu-Punkte zusätzlich in einem praktischen Akupressurkurs erlernt werden sollte.

Lokalisation und Bedeutung der Shu-Punkte

Die Shu-Punkte liegen ca. eine Handbreit von der Wirbelsäule entfernt in der Rückenmuskulatur.

Ein Shu-Punkt wird druckempfindlich, wenn eine Störung in seinem Meridian entsteht. Bei einer Lahmheit oder einer Muskelverspannung spricht man von einer äußeren Meridianstörung. Der Shu-Punkt wird aber auch reagieren, falls eine innere Erkrankung vorliegt. Die Störung liegt dann innen. Im letzteren Fall muß man auf Symptome wie Fieber, Atemprobleme, Kolikerscheinungen etc. achten. Innere Störungen müssen vom Tierarzt oder Akupunkteur behandelt werden.

Bl 13 – *Fei-Shu*

Dieser Shu-Punkt ist der Zustimmungspunkt des Lungenmeridians, der innen am Vorderbein entlangläuft. Er kann bei Vorhandlahmheiten auf das Abtasten druck-

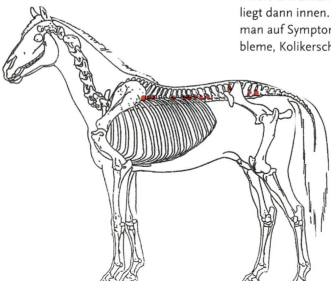

Der Zeigefinger der rechten Hand findet den ersten Shu-Punkt, Bl 13, hinter dem Schulterblatt.

empfindlich reagieren. Die Druckempfindlichkeit kann aber auch auf ein Problem in den Atemwegsorganen hinweisen. Besonders bei akuten Atemwegsinfektionen ist Fei-Shu schmerzhaft.

Der Punkt (der erste in der Skizze links) liegt im 8. Rippenzwischenraum, hinter dem Schulterblatt.

Bl 14 – *Jueyin-Shu*

Bl 14 ist der Zustimmungpunkt des Pericards (Herzbeutel). Dieser Meridian verläuft am Vorderbein.

Der Punkt liegt zwischen Rippe 9 und Rippe 10.

Bl 15 – *Xin-Shu*

Der Zustimmungspunkt des Herzens ist dem Herzmeridian zugeordnet, der ebenfalls innen am Vorderbein entlangläuft.

Aus chinesischer Sicht beherbergt das Herz den Geist und das Denken. Kontrolliert das Herz den Geist nicht ausreichend, kommt es beispielsweise zur Epilepsie. Xin-Shu reagiert bei Pferden, die extremen psychischen Streßsituationen ausgesetzt waren.

Der Punkt liegt zwischen Rippe 10 und Rippe 11.

Bl 18 – *Gan-Shu*

Dies ist ein sehr aussagekräftiger Shu-Punkt. Der Zustimmungspunkt der Leber kann bei Hinterhandslahmheiten empfindlich werden, da der Lebermeridian innen am Hinterbein entlangläuft. Die

Das Pferd hat 18 Rippen. Der Shu-Punkt der Leber, Gan-Shu, liegt im 14. Zwischenrippenraum.

Leber reguliert das freie Fließen des Qi. Sie ist zuständig für die gesamte Muskulatur und die Sehnen. Deshalb zeigt eine Druckempfindlichkeit von Gan-Shu häufig Muskelverspannungen an.

Der Punkt liegt im 14. Rippenzwischenraum.

Bl 19 – *Dan-Shu*

Das Pferd hat keine Gallenblase. Es gibt aber trotzdem einen Gallenblasenmeridian, der über das Hüftgelenk außen am Hinterbein entlang verläuft. Der Zustimmungspunkt zeigt Hinterhandsprobleme an. Häufig ist das Hüftgelenk betroffen.

Der Gallenblasenmeridian ist oft bei Trabern gestört. Bewegungsstörungen, die dem Krankheitsbild Ataxie zugeordnet werden, können über Punkte auf dem Gallenblasenmeridian akupunktiert werden. Die Akupunktur bezeichnet diese Erkrankung als „Winderkrankung" und leitet diesen Wind über Punkte des Gallenblasenmeridian aus.

Der Punkt liegt im 16. Rippenzwischenraum.

Die Shu-Punkte finden sich bei allen Pferden, unabhängig davon, ob es Ponys oder Kaltblüter sind.

Bl 20 – *Pi-Shu*

Der Milzmeridian zieht innen am Hinterbein entlang, und sein Zustimmungspunkt kann auf Schmerzen innen am Hinterbein hinweisen. Meistens weist seine Druckempfindlichkeit aber auf ein inneres Problem im Verdauungstrakt oder, bei einem Pferd im Pi-Typ, auf eine psychische Überbelastung hin.

Die chinesische Milz hält die Dinge an ihrem Platz. Pferde mit angelaufenen Beinen werden über den Milzmeridian behandelt.

Der Punkt liegt im 17. Rippenzwischenraum. Ausgehend von der letzten Rippe ist dies der 1. Rippenzwischenraum von hinten gezählt.

Bl 21 – *Wei-Shu*

Der Magenmeridian zieht über das Knie und verläuft am vorderen Rand des Hinterbeins bis zum Huf. Knieprobleme lassen den Zustimmungspunkt empfindlich werden.

Der Punkt liegt hinter der letzten Rippe.

Bl 22 – *San Jiao-Shu*

Der San Jiao-Shu, der Dreifache Erwärmer, verläuft am Vorderbein. Außerdem unterteilt der Dreifache Erwärmer den Körper in drei Abschnitte, den oberen, mittleren und unteren Erwärmer. Fließt das Qi zum Beispiel im unteren Erwärmer nicht, entstehen gynäkologische Erkrankungen, die aber durch Akupunktur behandelt werden müssen.

Der Punkt liegt zwischen den Querfortsätzen des 1. und 2. Lendenwirbels.

Bl 23 – *Shen-Shu*

Der Zustimmungspunkt der Niere ist ein sehr wichtiger Shu-Punkt. Der Nierenmeridian verläuft am Hinterbein innen über das Sprunggelenk. Sprunggelenkserkrankungen lassen den Shu-Punkt druckempfindlich werden.

Die chinesische Niere enthält das Ursprungs-Qi und ist zuständig für Wachstum und Fortpflanzung.

Junge Pferde reagieren im Shen-Shu, sobald sie in eine Wachstumsphase eintreten. Oft ist dies mit einem Zahnwechsel kombiniert. Diese Pferde brauchen eine Ruhephase, besonders wenn sie im Shen-Typ stehen, sonst entstehen hier die Grundlagen für spätere Knochen- und Gelenkserkrankungen.

Bei Problemen der Geschlechtsorgane reagiert Shen-Shu häufig zusammen mit Pi-Shu.

Die chinesische Niere ist für den Lenden- und Beckenbereich zuständig. Bei Pferden mit wiederholt auftretendem Kreuzverschlag wird Shen-Shu genadelt.

Der Punkt liegt zwischen Lendenwirbel 2 und 3.

Bl 25 – *Dachang-Shu*

Der Zustimmungspunkt des Dickdarmmeridians wird druckempfindlich bei Störungen außen am Vorderbein und bei Erkrankungen im Verdauungsapparat.

Der Punkt liegt zwischen Lendenwirbel 5 und 6.

Bl 27 – *Xiaochang-Shu*

Der Zustimmungspunkt des Dünndarms reagiert auf Störungen im Dünndarmmeridianverlauf am Vorderbein und bei Verdauungsstörungen.

Der Punkt liegt seitlich hinter dem *Foramen lumbosacrale*.

Bl 28 – *Pang-Guan-Shu*

Der Zustimmungspunkt der Blase wird schmerzhaft bei Stauungen innerhalb des Blasenmeridians, der am Hals entlang über den Rücken bis zum Hinterhof verläuft.

Praktisches Vorgehen zur Untersuchung der Shu-Punkte

Der Untersucher stellt sich seitlich links neben sein Pferd. Mit der rechten Hand sucht er die letzte Rippe. Das Pferd hat 18 Rippen. Ausgehend vom hinteren Rippenbogen streicht die rechte Hand senkrecht nach oben bis zur Wirbelsäule. Nach Erreichen der Wirbelsäule gleitet der Zeigefinger eine Handbreit wieder senkrecht zurück und rutscht in eine leichte Vertiefung, in den Zustimmungspunkt der Niere, *Shen-Shu*.

Der Fingerdruck muß der Hautsensibilität des Pferdes angemessen sein. Jedes Pferd verhält sich unterschiedlich. Reagiert der Shen-Shu empfindlich, drückt

Der Untersucher steht dem Pferderücken zugewandt. Der Zeigefinger der rechten Hand findet den letzten Rippenbogen. Die linke Hand hält Kontakt zum Pferd.

Die rechte Hand streicht senkrecht nach oben in Richtung Wirbelsäule.

Der rechte Zeigefinger erreicht die Wirbelsäule.

Der Zeigefinger gleitet nach Erreichen der Wirbelsäule senkrecht zurück und rutscht in eine leichte Vertiefung. Das ist der Shu-Punkt der Niere, Shen-Shu.

man mit dem gleichen Druck an einer anderen Stelle, zum Beispiel an der Schulter. Das Pferd darf dabei nicht ausweichen, sonst ist der angewendete Fingerdruck zu stark. Ist der richtige Fingerdruck gefunden, bleibt er für alle Shu-Punkte gleich.

Nachdem der Zustimmungspunkt der Niere untersucht worden ist, sucht die rechte Hand wieder die letzte Rippe auf, geht aber nicht senkrecht nach oben, sondern folgt dem Verlauf der Rippe bis zur Wirbelsäule. Dort rutscht der Zeigefinger wieder eine Handbreit zurück und findet hinter der letzten Rippe den Shu-Punkt des Magens.

Um den Zustimmungpunkt der Milz zu finden, streicht die Hand über die letzte Rippe nach vorne in den 17. Rippenzwischenraum, findet die Wirbelsäule und gleitet zurück in den *Pi-Shu*.

Die weiteren Shu-Punkte lassen sich nach vorne in den jeweiligen Rippenzwischenräumen abzählen. Der Shu-Punkt der Gallenblase liegt in dem Rippenzwischenraum vor dem Shu-Punkt der Milz.

Um den Shu-Punkt der Leber, Bl 18, zu erreichen, überspringt man den folgenden Zwischenraum und findet im nächsten zwischen Rippe 14 und 15 den Gan-Shu.

Das Auffinden der Shu-Punkte erfordert Geduld und Ruhe. Es werden die Shu-Punkte auf beiden Seiten untersucht. Danach weiß man, welche Meridiane gestört sind. Im günstigsten Fall ist nur ein Shu-Punkt empfindlich, das heißt, nur ein Meridian ist gestört und kann behandelt werden. Meistens sind aber mehrere Shu-Punkte betroffen. Liegt eine innere Erkrankung vor, kann Akupressur nicht helfen. Bei einer äußeren Meridianstörung sollte zum Abklären der Hauptstörung immer folgendermaßen vorgegangen werden:

1. Als erstes wird der *Dai Mai* überprüft und bei einem Stau durch Akupressur von Gb 41 geöffnet.
2. Bl 10, *Tianzhu*, fördert den Qi-Fluß im Blasenmeridian. Bl 10 wird mindestens 60 Sekunden akupressiert, und anschließend werden die Shu-Punkte

noch einmal untersucht. Durch das Fließen des Qi im Blasenmeridian regulieren sich weniger betroffene Meridiane, und die Druckempfindlichkeit der zugehörigen Shu-Punkte verschwindet.

3. Die restlichen druckempfindlichen Shu-Punkte werden in Verbindung zur Psyche des Pferdes betrachtet.
Bei einem ärgerlichen Pferd mit Muskelverspannungen sind zwei Shu-Punkte druckempfindlich: Bl 18, *Gan-Shu*, Zustimmungspunkt der Leber, und Bl 27, *Xiaochang-Shu*, Zustimmungspunkt des Dünndarms. Primär ist hier der Lebermeridian betroffen und wird durch den Punkt Le 3, *Taichong*, behandelt. Wird dieser Punkt genadelt, verschwindet die Druckempfindlichkeit des Gan-Shu innerhalb von Sekunden.

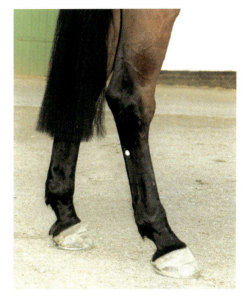

Gb 41, Zulinqi

Bl 10, Tianzhu

4. Nach acht Tagen werden die Shu-Punkte erneut untersucht. Die oben beschriebenen Schritte 1–3 werden immer durchgeführt. Die Akupressurbehandlung wechselt je nach betroffenem Meridian. Nach 14 Tagen sollte der Blasenmeridian frei und kein Shu-Punkt mehr druckempfindlich sein. Gelingt dies nicht, liegt eine tiefere energetische Störung vor, und das Pferd muß zuerst akupunktiert und danach akupressiert werden.

Die Shu-Punkte ermöglichen dem Akupresseur in einem relativ kurzen Zeitraum eine Abklärung, ob eine innere oder äußere Störung vorliegt. Sie sind aber nicht allein ausschlaggebend für eine Diagnose, wie das folgende Beispiel aus der Praxis zeigt.

Beispiel:

Der 6jährige Wallach wird mit Rückenproblemen vorgestellt. Während des Reitens, beim Abwenden nach rechts, steigt das Pferd und rennt anschließend in Panik davon. Es haben schon mehrere Reiter versucht, dieses Problem in den Griff zu bekommen. Zuletzt ist das als widerspenstig bezeichnete Pferd extrem verhauen worden und läßt sich seither überhaupt nicht mehr reiten.

Das Pferd ist ein liebes, eher ängstliches Tier, das sich gut mit anderen Pferden verträgt, aber ihm tut eigentlich alles weh. Vor allem besteht eine Schmerzhaftigkeit und Muskelverspannung im Rücken, und da der Shu-Punkt Blase 18 für Muskelverspannungen zuständig ist, könnte man glauben, diesen Punkt stechen zu müssen.

Das Pferd wurde aber im Shu-Punkt Blase 23 genadelt. Zusätzlich wurde Gb 20 akupunktiert und ein Ying-Yang-Ausgleich am Kopf durchgeführt.

Das Pferd wurde eine Woche lang longiert, noch zweimal nachbehandelt und geht seither ohne Probleme unter dem Sattel.

Begründung:

Der Shu-Punkt Blase 18 wird der chinesischen Leber zugeordnet und ist für Muskelverspannungen zuständig. Man könnte meinen, dieser Punkt müßte behandelt werden. Wir sollten aber nicht vergessen, daß die chinesische Medizin Körper und Geist nicht trennt. Dieses Pferd war eher ängstlich als aggressiv. Es war ein Shen- oder Nieren-Typ.

In der chinesischen Vorstellung, nach der Fünf-Elementen-Lehre, stellt die Niere die Mutter der Leber dar. Kühlt die Niere ihren Sohn, die Leber, nicht richtig, kommt es zur Unterversorgung dieses Funktionskreises und zum Emporlodern von Leberfeuer. Die Störung im Lebermeridian war also sekundär. Dieses Pferd mußte nicht beruhigt, sondern aufgebaut werden.

Durch Akupunktur des Nieren-Shu-Punktes, also Blase 23, kann der Energiestau im Nierenmeridian gelöst und dem Pferd geholfen werden. Durch das Nadeln des Shu-Punktes Blase 18 wäre sicherlich nur eine kurzfristige Besserung eingetreten.

Dieses Beispiel zeigt deutlich, daß eine Schmerzhaftigkeit im Rücken häufig ein komplexes Problem darstellt und nicht isoliert gesehen werden darf. Auch

www.kraemer.de

*Wird nicht zum Viel-Käufer Rabatt hinzuaddiert.

IN DEN MEGA STORES UND IM ONLINE-SHOP
VON DONNERSTAG, 3. AUGUST BIS MONTAG, 21. AUGUST 2023

20 %*
ZUSATZ-RABATT
AUF ALLE BEREITS REDUZIERTEN ARTIKEL

SUMMER SALE

# SUMMER SALE

20 %* ZUSATZ-RABATT
AUF ALLE BEREITS REDUZIERTEN ARTIKEL

VON DONNERSTAG, 3. AUGUST BIS MONTAG, 21. AUGUST 2023
IN DEN MEGA STORES UND IM ONLINE-SHOP

www.kraemer.de

*Wird nicht zum Viel-Käufer Rabatt hinzuaddiert.

müssen neben der Behandlung am Pferd die äußeren Umstände (Stallhaltung, Sattelzeug, Weidegang etc.) optimiert werden. Ansonsten wirken diese weiterhin negativ auf das Pferd ein, und es kommt wieder zu einer Verschlechterung.

Behandlungsprinzipien

Im alten China war derjenige der beste Akupunkteur, dem es gelang, mit nur einer Nadel und einem einzigen Punkt die Erkrankung zu heilen. Die Vorstellung vieler Pferdebesitzer, ihrem Pferd würde am besten geholfen, je mehr Nadeln eingesetzt werden, ist nicht richtig. Manchmal erfordert eine Erkrankung die Nadelung vieler Akupunkturpunkte, das Ziel sollte aber sein, so wenige Punkte wie möglich zur Behandlung einzusetzen.

In diesem Buch haben wir aus einigen hundert bekannten Punkten eine kleine Anzahl von 15 Punkten ausgesucht und beschrieben. Sie ermöglichen dem Anfänger den Einstieg in die Akupressur, und mit ihrer Beherrschung kann er schon sehr viel zum Wohlbefinden seines Pferdes beitragen.

Auswahl der Akupressurpunkte

Die Punkte für eine Akupressurbehandlung werden in drei Gruppen unterteilt:
1. Nahpunkte
   Sie liegen im Bereich der auftretenden Störung. Bei Genickschmerzen ist dies zum Beispiel der Punkt Gb 20, *Fengchi*. Er liegt direkt hinter den Ohren.
2. Fernpunkte
   Diese Punkte finden sich im Bereich der vier Gliedmaßen. Di 4, *Hegu*, zeichnet sich durch stark schmerzlindernde Wirkung aus und wird bei der oben beschriebenen Genickfestigkeit als Fernpunkt eingesetzt.

Gb 20, Fengchi

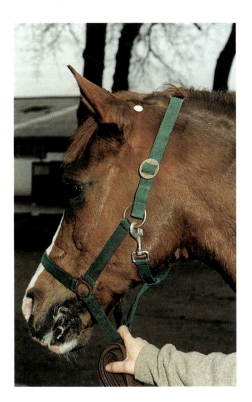

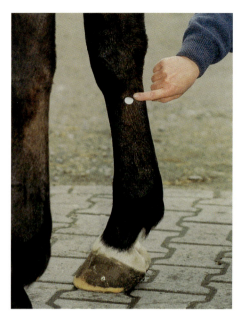
Di 4, Hegu

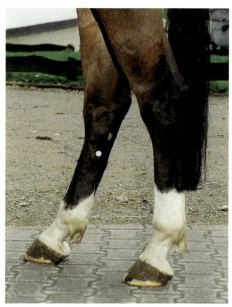
Le 3, Taichong

3. Psychische Punkte
   Diese Punkte werden zur psychischen Harmonisierung und typabhängig eingesetzt, Le 3, *Taichong*, zum Beispiel bei allen überschießenden Reaktionen der Gan-Typen.

Zur Behandlung werden Nahpunkte mit ein bis drei Fernpunkten kombiniert. Soll eine psychische Beeinflussung erfolgen, wird zusätzlich ein psychischer Punkt akupressiert.

Wichtig:
Wendet der Laie Akupressur an, sollten niemals mehr als 5 Punkte (unabhängig vom Yin-Yang-Ausgleich und der Augenakupressur) akupressiert werden.

Druckausübung auf den Akupressurpunkt

Die chinesische Massage wird als *Anmo* bezeichnet. Das bedeutet übersetzt „Drücken und Reiben". Die Bezeichnung *Tuina* ist ein Sammelbegriff, der alle Techniken der Beweglichmachung von Gelenken und Muskeln inklusive der Meridian- und Akupunkturpunktmassage und der Chiropraktik umfaßt.

In China wird wie bei uns meistens zuerst die Akupunktur, anschließend die Tuinamassage angewendet. Aus dieser Vielzahl von Techniken ist die Akupunkturpunktmassage am schnellsten und einfachsten anzuwenden.

Zur Ausübung der Akupressur nimmt man den Zeigefinger, den Daumen, die Fingerknöchel, die Innenfläche der Hand

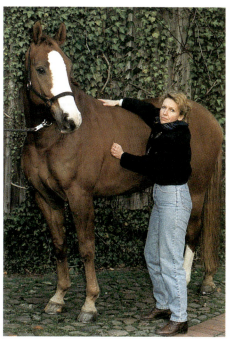

Oben links: Akupressur mit dem Zeigefinger ist die häufigste Anwendung. Dabei muß die Hand locker bleiben.

Oben rechts: MP 21, Dabao, wird mit den Fingerknöcheln akupressiert.

Rechts: Der Punkt Di 16, Jugu, wird mit dem Daumen akupressiert.

Bei hautempfindlichen Pferden kann Dabao auch mit der Handinnenfläche ausgeführt werden.

oder den Daumenballen. Ausschlaggebend ist die Reaktion des Pferdes. Bei ängstlichen Pferden ist es angebracht, mit der ganzen Hand zu beginnen, zum Beispiel am Auge. Kennt der Reiter die Lage des Punktes genau und ist sein Pferd ruhig, benutzt er den Zeigefinger.

Es werden drei Techniken unterschieden:

1. Die Ausgleichsmethode

Sie kann bei jedem Akupressurpunkt angewendet werden. Zuerst berührt man vorsichtig den Punkt und erhöht langsam unter kreisenden Bewegungen im Uhrzeigersinn den Druck. Aus dem Augenwinkel beobachtet man immer das Gesicht des Pferdes. Sobald sich die Maulwinkel entspannen, das Ohr auf der Seite der Akupressur leicht seitlich

Die Augenakupressur kann mit dem Zeigefinger oder mit der ganzen Hand ausgeführt werden.

kippt und bei völliger Entspannung die Augen geschlossen werden, hat der Akupresseur die optimale Druckstärke eingesetzt.

Der Druck, der auf den Punkt ausgeübt wird, läßt sich nicht in Zahlen angeben, da jedes Pferd eine individuelle Hautempfindlichkeit hat. Wichtig ist, auf die Entspannungsreaktion des Pferdes zu warten. Die Akupressur einzelner Punkte darf keine Abwehrreaktion hervorrufen.

Soll keine Beruhigung oder Anregung, sondern nur ein Ausgleich oder eine Entspannung erreicht werden, hält man diese Akupressur 1 Minute lang. Die Bewegung erfolgt im allgemeinen im Uhrzeigersinn. Will man die Energie im Meridian ausgleichen, streicht man im Meridianverlauf, das heißt, innen am Bein von unten nach oben (Yin-Meridiane), außen am Bein von oben nach unten (Yang-Meridiane) entlang.

Der Yin-Yang-Ausgleich und die Augenakupressur werden immer ausgleichend angewandt.

2. Die Yin-Methode
Sie ist kräftig, reibend, mit starker Druckausübung auf den Punkt und langandauernd, mindestens 2 Minuten.

Diese Technik wirkt beruhigend. Wird beispielsweise der Punkt Le 3, *Taichong*, zur Beruhigung eines Gan-Typs akupressiert, dann sollte der Druck so stark sein, daß das Pferd zwar noch nicht schmerzhaft das Bein hebt, aber der Akupresseur mit Kraft auf den Punkt drückt und ihn im Uhrzeigersinn oder im Meridianverlauf massiert.

3. Die Yang-Methode
Sie wird mit weniger Druck ausgeführt und ist von kurzer Zeitdauer, etwa 30 Sekunden.

Sie belebt das Pferd und mobilisiert die Energien. Wird zum Beispiel der

Le 3, Taichong

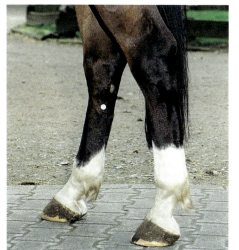

Ni 3, Taixi

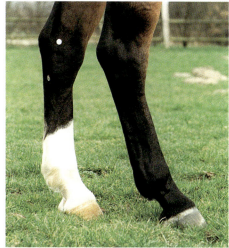

Punkt Ni 3, *Taixi*, zur Unterstützung eines Shen-Typs akupressiert, ist die Druckausübung sanft-drückend. Die Bewegung erfolgt im Uhrzeigersinn oder im Meridianverlauf.

Zusammenfassung:
1. Ausgleichs-Methode – gleichmäßiger Druck – harmonisierend
2. Yang-Methode – sanfter Druck – aktivierend
3. Yin-Methode – starker Druck – beruhigend

Zeitdauer der Akupressur
Die Zeitdauer der Akupunkturpunktmassage variiert zwischen mindestens 30 Sekunden und 2 Minuten und länger pro Punkt, abhängig von der angewandten Technik und der Reaktion des Pferdes.

Eine Akupressuranwendung dauert bei einer 5-Punkte-Auswahl zwischen 7 und 20 Minuten, abhängig davon, ob die Punkte beidseitig oder nur einseitig akupressiert werden. Besser ist es, wenn beide Seiten akupressiert werden.

Anzahl und Zeitraum der Akupressuranwendung
Psychische Probleme werden einmal täglich akupressiert.

Turniervorbereitung durch Akupressur beginnt drei Tage vor dem Turniereinsatz, ein- bis zweimal täglich, und direkt während des Turniers. Es darf aber nicht vergessen werden, daß eine starke Nervosität des Reiters unter Umständen energetisch über die Akupressurpunkte weitergegeben wird und deshalb eine ausgeglichene Person die Akupressur ausüben sollte.

Falls die Turniertage oder etwa ein Distanzritt sehr anstrengend waren, sollte zwei Tage danach aufbauend akupressiert werden.

Gesundheitsvorsorge, wenn zum Beispiel im Stall eine Atemwegserkrankung aufgetreten ist und man sein Pferd unterstützen möchte, wird ein- bis zweimal täglich durchgeführt.

Gesundheitsnachsorge, nach überstandener Erkrankung zur Anregung der Abwehrkräfte, wird einmal täglich mindestens 14 Tage lang angewendet.

Genickschmerzen, die ein lokales Problem darstellen, können viermal täglich akupressiert werden.

Tritt kein Erfolg ein oder verschlimmern sich die Symptome, muß mit einem Tierarzt oder Akupunkteur Rücksprache gehalten werden.

Zusammenfassung:
- Ausgeglichener Akupresseur
- Aktivieren der Meridiane des Akupresseurs
- Geeignete Umgebung schaffen
- Anschauen des Pferdes
- Abtasten des Pferdes
- Öffnen des Dai Mai
- Gegebenenfalls Shu-Punkt-Untersuchung
- Auswahl der Punkte und der Akupressurmethode
- Festlegung der Zeitdauer und Häufigkeit der Anwendung für den einzelnen Punkt
- Akupressieren

Die Praxis

Im folgenden Kapitel werden Probleme aufgezeigt, mit denen Pferd und Mensch im Alltag zu tun haben können. Die Auswahl der Punkte ist nicht als zwingend anzusehen, sie basiert aber auf langjähriger Erfahrung.

Wichtig bei der Punktanwendung ist, die Prinzipien der chinesischen Medizin nicht zu vergessen, das heißt, jedes Pferd individuell zu behandeln. Bei der Behandlung müssen die Psyche und die körperliche Problematik kombiniert werden und die Punktauswahl bestimmen. Da jeder Akupunkturpunkt mehrere Wirkungen hat, kann es auch verschiedene Punktkombinationen geben. Eine Absprache mit einem erfahrenen Akupunkteur ist deshalb immer von Nutzen. Der Leser kann aber auch, nachdem er die Wirkungen der Punkte kennt, speziell für sein Pferd eine Punktauswahl aussuchen und akupressieren.

Die unterschiedliche Wirkung der einzelnen Punkte mit Patientenbeispielen finden Sie im Kapitel „Akupressurpunkte zum psychischen Ausgleich der Pferdetypen", Seite 51, und im Kapitel „Beschreibung der Akupressurpunkte", Seite 126.

Gesamtunterstützung des Pferdes ohne besondere Problemstellung

Die nachfolgend beschriebenen Techniken, der Yin-Yang-Ausgleich und die Augenakupressur, können jederzeit angewendet werden. Der Mensch akupressiert sich selbst auch oft unbewußt, indem er bei Anspannung mit den Fingern den Zwischenraum zwischen den Augenbrauen massiert oder rund um das Auge streicht.

Pferde, die den Yin-Yang-Ausgleich und die Augenakupressur gut kennen, stehen mit gesenktem Hals ruhig und entspannt in Erwartung der wohltuenden Behandlung.

Yin-Yang-Ausgleich

Einen Yin-Yang-Ausgleich durchzuführen bedeutet, einen geistigen und körperlichen Ausgleich beim Pferd zu erreichen. Ein Yin-Yang-Ausgleich besteht aus einer Kombination der drei folgenden Akupunkturpunkte:

Yintang – **Siegerhalle** – **Extrapunkt**
Der Punkt liegt oberhalb der Augen in der Mitte der Stirn auf dem Lenkergefäß.

Yintang und Renzhong

Er leitet Wind aus und ist damit schmerzstillend. Er beruhigt den Geist und kann als zusätzlicher Punkt gegen Angst eingesetzt werden.

Renzhong – Mitte des Menschen – Lg 26

Der Punkt liegt zwischen den Nüstern auf dem Lenkergefäß und heißt bei den Pferden im Chinesischen *Fen Shui*. In diesem Bereich wird die Nasenbremse zur Ruhigstellung beim Pferd angesetzt. Das Pferd steht nicht aufgrund des Schmerzes still, sondern weil im Gehirn Stoffe freigesetzt werden, die beruhigend wirken. Der gleiche Vorgang vollzieht sich bei der Nadelung und Akupressur von Renzhong.

Chengjiang – Aufnehmen der Flüssigkeit – KG 24

Der Punkt liegt in der Vertiefung am Übergang zwischen behaarter und unbehaarter Haut an der Unterlippe. Er stellt die Verbindung zum Lenkergefäß her.

Für einen Yin-Yang-Ausgleich werden immer alle drei Punkte nacheinander akupressiert. Begonnen wird mit *Renzhong*, dann folgt *Yintang*, und zuletzt wird *Chengjiang* akupressiert. Der Yintang sollte mindestens 60 Sekunden, die beiden anderen Punkte sollten mindestens 30 Sekunden akupressiert werden.

Der Yin-Yang-Ausgleich kann wiederholt und zu jedem Zeitpunkt durchge-

Chengjiang

Der Punkt Renzhong wirkt beruhigend.

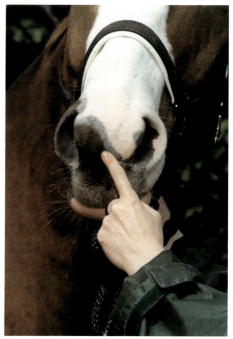

führt werden. In der Akupunkturtherapie wird nach der Nadelung von Shu-Punkten auf einer Seite häufig der Yin-Yang-Ausgleich angewendet. In den meisten Fällen reguliert sich danach die Druckempfindlichkeiten der Shu-Punkte auf der anderen Seite. In solch einem Fall reicht eine einseitige Akupunktur aus. Der Yin-Yang-Ausgleich kann folglich die Energie der Körperseiten ausgleichen. In der Akupressur werden die Punkte in der Regel auf beiden Körperhälften akupressiert.

Es gibt keine eindeutige Antwort auf die Frage, ob der Yin-Yang-Ausgleich zu Beginn oder am Ende einer Akupressur durchgeführt werden soll. Meiner Meinung nach steht der Yin-Yang-Ausgleich am Ende, weil er einen Ausgleich der Energie schafft, die durch die Behandlung der Punkte aktiviert worden ist.

In der praktischen Anwendung hält die linke Hand den Pferdekopf am Halfter oder über der Nase. Die rechte Hand findet den Yintang, indem sie ein Dreieck von den beiden inneren Augenwinkeln nach oben in Richtung Stirn zieht. Der Punkt stellt sich als eine leichte Vertiefung dar, in die der Zeigefinger rutscht. Die Fingerkuppe wird mit leichtem Druck auf den Yintang gelegt und verharrt vorsichtig 20 Sekunden lang auf diesem Punkt. Danach führt man kleinste Bewegungen im Uhrzeigersinn aus.

Manche kopfscheuen Pferde lassen sich ruhiger akupressieren, wenn man zu Beginn den Daumenballen oder die Innenfläche der Hand zur Massage nimmt. Das gleiche gilt für Pferde, die Angst zeigen, sobald man die Oberlippe akupressieren möchte. Auch hier kann

Der Yintang kann auch gegen Ängstlichkeit eingesetzt werden.

mit dem Daumenballen oder der Hand begonnen werden.

Pferde, die Zuckergaben gewohnt sind, lassen aus Freßgier manchmal den Chengjiang (KG 24) nicht behandeln. Hier hilft nur Geduld.

Jeder Reiter und Pferdebesitzer wird nach mehrmaliger Akupressur bemerken, wie angenehm entspannt sein Pferd auf den Yin-Yang-Ausgleich reagiert. Wird er richtig ausgeführt, senkt das Pferd den Kopf, die Ohren neigen sich leicht zur Seite, und das Pferd schließt wohlig die Augen.

Augenakupressur

Um das Auge liegt eine Vielzahl von Punkten, die über die Akupressur erfaßt werden können. Es sind Anfangs- oder Endpunkte von Meridianen. Diese Punkte besitzen eine besonders starke Wirkung.

Als Einzelpunkte sind zwei Punkte beschrieben.

Blase 1 – *Jingming* – Augenglanz
Wirkung:
Leitet Wind und Hitze aus.
Lindert Schmerz und Juckreiz.
Reduziert den Tränenfluß.

Der Blasenmeridian beginnt mit diesem Punkt am inneren Augenwinkel. Bl 1 wird zu Behandlung von Bindehautentzündungen des Auges eingesetzt. Er

Jingming harmonisiert den Blasenmeridian und wird deshalb bei Rückenproblemen eingesetzt.

Chengqi liegt unterhalb des unteren Augenlids.

stellt die Verbindung zu zwei Außerordentlichen Meridianen her, dem *Yinqiaomai* und dem *Yangqiaomai*. Außerdem ist *Jingming* der *Jiaohui*-Kreuzungspunkt des Blasen-, Dünndarm- und Magenmeridians. Bei der Augenakupressur werden diese beeinflußt.

Magen 1 – *Chengqi* – Halter der Tränen
Wirkung:
Leitet äußeren und inneren Wind aus.
Reduziert den Tränenfluß.

Ma 1 liegt in der Mitte unterhalb des unteren Augenlides. Er verbindet sich mit dem Wundermeridian, Yangqiaomai. Er wird bei Bindehautentzündungen des Auges eingesetzt.

In und um das Auge treten alle Meridiane und Organe in Verbindung. Durch

Bei ängstlichen Pferden beginnt man die Augenakupressur mit der ganzen Hand.

Die Augenakupressur beginnt mit dem Punkt Bl 1, Jingming.

die Augenakupressur werden Störungen beeinflußt und ausgeglichen.

Die Akupressur sollte an beiden Augen erfolgen und mindestens 30 Sekunden pro Auge ausgeübt werden. Der Akupresseur beginnt an Bl 1, *Jingming,* und massiert im Uhrzeigersinn um das Auge, bis Bl 1 wieder erreicht wird. Diese Akupressur läßt das Pferd sehr entspannen. Wird sie in Ruhe und lange genug angewendet, reagieren die Pferde mit einem Absenken des Kopfes und einem Abschnauben.

Es gibt eine Vielzahl von Situationen, in denen der Yin-Yang-Ausgleich und die Akupressur angewendet werden können, zum Beispiel vor der Reitstunde, vor dem Transport, vor und nach jedem ungewohnten Ereignis.

Akupressur am heranwachsenden Pferd

Die Akupunktur und Akupressur wird hauptsächlich praktiziert bei Pferden, die drei Jahre und älter sind. Dies resultiert aus der Annahme, daß die Heilmethoden hauptsächlich zur Schmerztherapie eingesetzt werden und deshalb beim gerittenen und gefahrenen Pferd helfen können.

Akupunktur zur Therapie von Muskelverspannungen, besonders im Rücken- und Halsbereich der Pferde, wird häufig angewendet. Die Akupunktur in Verbindung mit der Akupressur ist aber viel umfassender einzusetzen, weil sie außerdem auf das Immunsystem und die Psyche unserer Pferde wirkt und deshalb mit

Gesunde und vitale Fohlen zeichnen sich durch Bewegungsdrang und Spiellust aus.

gutem Erfolg beim Fohlen und dem heranwachsendem Pferd eingesetzt werden kann. Neben seinen genetisch festgelegten Erbanlagen sind die ersten drei Lebensjahre bestimmend für die körperliche und geistige Entwicklung eines Pferdes.

Fohlen, die eine leichte Geburt, eine fürsorgliche Mutterstute mit ausreichend Milch und eine optimale Umgebung erleben, können sich gesund entwickeln. Eine schwere, langandauernde Geburt kann zur Folge haben, daß das Fohlen schwach ist, Probleme mit dem Aufstehen hat und deshalb keine Kolostralmilch erhält. Möglicherweise kümmert sich die Mutterstute nicht ausreichend um den Nachwuchs, oder die Umgebung ist naß und windig oder das Stroh schimmelig.

Ein Fohlen mit solch einem ungünstigen Start ins Leben hat es schwer, sich optimal zu entwickeln.

Die Züchter sprechen häufig von „lebensstarken" oder „lebensschwachen" Fohlen. Fohlen mit starkem Lebenswillen stehen problematische Situationen wie Infektionen, ungünstige Witterungen oder Milchmangel der Mutterstute leichter durch und werden eher gesund. Lebensschwache Fohlen entwickeln sich in optimaler Umgebung gut, können aber keine ungesunden Umstände ertragen. Der Züchter sagt: „Den wirft ein Windhauch um, dies Fohlen hat keinen Kampfeswillen."

Im chinesischen Medizinverständnis wird die unterschiedliche Fähigkeit des Fohlens, mit belastenden Situationen zurechtzukommen, durch die **Essenz** bestimmt.

Die Essenz wird dem Funktionskreis Niere/Blase und dort der Niere zugeord-

Instinktiv suchen gesunde Fohlen in einem „überdachten Winkel" nach der lebenspendenden Milchquelle.

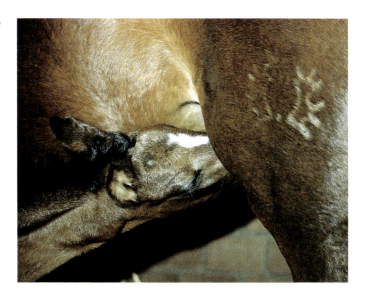

net. Sie ist eine Energieform, die unsere konstitutionelle Stärke gegenüber krankmachenden Einflüssen, körperlicher und psychischer Art, darstellt.

Die Essenz des Fohlen besteht aus zwei Komponenten:
▸ Vor-Himmels-Essenz
▸ Nach-Himmels-Essenz.
Diese beiden zusammen bilden die
▸ Shen-oder Nieren-Essenz.

Die Vor-Himmels-Essenz
Die Vor-Himmels-Essenz setzt sich aus den Erbenergien der Eltern, also der des Hengstes und der Mutterstute, zusammen und wird an den Nachwuchs weitergegeben. Die Erbenergie ist bei jedem Fohlen, selbst bei gleicher Anpaarung, unterschiedlich. Während der Trächtigkeit findet sich im Fohlen in der Gebärmutter nur Vor-Himmels-Essenz. Da diese Energie vererbt wird, kann sie während des Pferdelebens nicht vermehrt werden.

Die Nach-Himmels-Essenz
Die Nach-Himmels-Essenz stellt die Energie dar, die aus Nahrung und Futter nach der Geburt aufgenommen wird. Das Fohlen beginnt zu atmen und zu trinken. Dadurch entsteht die Nach-Himmels-Essenz.

Die Shen-Essenz
Die Shen-Essenz besteht aus der Vor- und der Nach-Himmel-Essenz zusammen und stellt die individuelle Essenz eines Fohlen dar. Im Gegensatz zur Lebensenergie Qi, welches überall fließt, findet sich die Essenz hauptsächlich in den Nieren, also Shen, und in den acht Außerordentlichen Meridianen.

Die Essenz ist verantwortlich für Wachstum, Fortpflanzung und Entwicklung des Pferdes. Stellungsfehler infolge von Wachstumsstörungen, Probleme während des Zahnwechsels und Entwicklungsstörungen des heranwachsenden Pferdes sowie Probleme in der sexuellen Reifung können aus einem Essenzmangel entstehen. Die Essenz stellt die Grundlage des Abwehr-Qi oder *Wei-Qi* dar. Dieses Wei-Qi ist verantwortlich für die Bildung unserer Abwehrkräfte gegen Krankheitserreger.

Eine schwache Essenz läßt kein wirkungsvolles Abwehr-Qi entstehen und führt zur Krankheitsanfälligkeit. Deshalb ist es wichtig für das Fohlen, das Kolostrum mit seinen wichtigen Inhaltsstoffen aufzunehmen, um ausreichende Nach-Himmels-Essenz zu bilden.

Akupressur in den ersten Stunden nach der Geburt
Bis der Tierarzt kommt, kann der Züchter nach der Geburt die Nach-Himmels-Essen des Fohlens in den ersten Lebensstunden unterstützen, indem er folgende Punkte akupressiert:

Ma 36 – *Zusanli*
stärkt Magen und Milz zur Bildung der Nach- Himmels-Essenz, regt den Appetit an, fördert die Bildung von Abwehr-Qi.

MP 6 – *Sanyinjiao*
tonisiert die Milz und nährt das Blut.

Die Punkte werden alle 15 Minuten je 30 Sekunden lang akupressiert. Nicht länger, da ein belebender Effekt erzielt werden soll.
Diese Punkte können auch beim Darmpechverhalten des Fohlens zur Unterstützung akupressiert werden.

Die *Mutterstute* kann mit folgenden Punkten unterstützt werden:

MP 21 – *Dabao*
kontrolliert das Netz der kleinen Blutgefäße und lindert generalisierten Schmerz.
Di 4 – *Hegu*
ist einer der stärksten Schmerzpunkte und unterstützt die Lunge im Verteilen von Qi. Dadurch stärkt er die Abwehrkräfte der Stute.

Ni 3 – *Taixi*
unterstützt das Nieren-Qi.

Gb 41 – *Zulinqi*
harmonisiert das Leber-Qi.

MP 6 – *Sanyinjiao*
verbindet die drei Yin-Meridiane und stärkt durch Beeinflussung der Milz das Pferd.

Yin-Yang-Ausgleich und Augenakupressur

Ein optimaler Energieausgleich der Stute wird durch eine Akupunktur in den ersten vierzehn Tagen nach der Geburt erzielt, da die Akupunktur die Normalisierung der Gebärmutter und die Milchbildung unterstützt.

Akupressur im ersten Lebensjahr
Schon einige Tagen nach der Geburt wird deutlich, ob das Fohlen eher zurückhaltend, vorsichtig oder ein Draufgänger ist. Natürlich prägt auch das Verhalten der Mutterstute den Nachwuchs, und eine mißtrauische Stute hat eher ein zurückhaltendes Fohlen. Unabhängig davon kann man bei längerem Betrachten die Grundeigenschaften des Fohlens erkennen. Ein putzmunteres, gesundes Fohlen braucht keine Akupressur, denn seine Energien sind ausgeglichen und sollten

Schüchtern oder Draufgänger?

nicht verändert werden. Treten aber Erkrankungen, Verletzungen, starke Schreckhaftigkeit und Ängstlichkeit auf, oder verkraften einzelne Fohlen die Trennung von der Mutterstute schlecht und beginnen zu kümmern, dann kann die chinesische Medizin sehr eindrucksvoll helfen.

Die Akupressur wird immer aufbauend eingesetzt, das heißt, kurze Zeitdauer von 30 Sekunden und schwache Druckausübung auf den Punkt. Der Yin-Yang-Ausgleich und die Augenakupressur können jederzeit angewendet werden.

Zur psychischen Unterstützung wird akupressiert:

Ni 3 – *Taixi*
unterstützt den Fluß des Nieren-Qi.
MP 6 – *Sanyinjiao*
nährt das Blut und Yin und unterstützt die Milz, Pi.

Zusätzlich bei Infektionen
Gb 20 – *Fengchi*
leitet Wind aus.

Di 4 – *Hegu*
wirkt aufbauend und anregend in Kombination mit Ma 36, *Zusanli*.

Bei Verletzungen
Di 4 – *Hegu*
wirkt stark schmerzlindernd.

Die Akupressur wird in der Regel zweimal täglich angewendet. Bei akuten Erkrankungen mit Fieber kann das Fohlen alle drei Stunden akupressiert und damit

Fohlen und junge Pferde liegen sehr viel, was für sich allein gesehen kein Zeichen von Schwäche ist.

Das Spiel mit Gleichaltrigen fördert die Beweglichkeit.

die tierärztliche Behandlung unterstützt werden.

Zeigt sich das Fohlen im ersten Lebensjahr schwächlich und infektions-

anfällig, sollte mit einem Akupunkteur die weitere Akupressur abgesprochen werden. Da die Fohlen sehr intensiv auf die Akupunktur reagieren, ist es häufig besser, mit wenigen Nadeln zu akupunktieren und die restlichen Punkte zu akupressieren.

Akupressur bis zum dritten Lebensjahr
Nach der Trennung von seiner Mutter lebt das Fohlen meistens in einer Herde von Gleichaltrigen. Deshalb ist es für eine Akupressur meistens schwer zugänglich, es sei denn, die Herde ist sehr klein und es hat häufig Kontakt mit Menschen.

In diesem Zeitraum ist es wichtig, auf körperliche Zeichen des Unwohlseins zu achten. Die Jährlinge sehen vom Körperbau her oft unharmonisch aus. Dies ist eine normale Folge des unterschiedlichen Wachstums. Aber das Auftreten von struppigem Fell, mangelnder Spielbereitschaft mit den anderen Jährlingen, Appetitlosigkeit und Abmagerung müssen untersucht und behandelt werden.

Alle jungen Pferde durchleben Atemwegsinfektionen. Bleibt danach aber der Jährling oder Zweijährige in seiner Entwicklung gegenüber seinen Altersgenossen zurück, sollte behandelt werden.

Da alle heranwachsenden Tiere intensiv und schnell auf die Akupunktur und Akupressur reagieren, kann man in diesem Zeitraum Energien wecken und ausgleichen. Ansonsten verfestigen sich Schwächen und Anfälligkeiten, die im späteren Pferdeleben nur schwer zu beeinflussen sind.

Eine optimale Aufzucht ist unabdingbar für ein gesundes Pferdeleben.

Galino schaut lebenslustig und gesund aus. Er ist zwanzig Jahre alt.

Akupressur am alten Pferd

Es gibt keine feste Altersgrenze, die bestimmt, wann ein Pferd als alt zu bezeichnen ist. Es gibt sechzehnjährige Pferde, die gesund und erfolgreich im Sport eingesetzt werden. Es gibt aber schon zwölfjährige Pferde, die aufgrund von Verschleißerscheinungen ungern laufen und sehr müde und alt wirken. Dieses Kapitel ist auf zwölfjährige und ältere Pferde anwendbar.

Die Essenz stellt die Grundlage für Wachstum, sexuelle Reifung, Fortpflanzung und Entwicklung dar und ist bei jedem Pferd unterschiedlich ausgebildet. Während des Lebens der Pferde wird die Essenz allmählich weniger, und dadurch beginnt das Pferd zu altern. Hat ein Pferd eine starke Essenz und außerdem noch eine geeignete Umgebung, wird es relativ spät alt erscheinen. Ein Pferd mit einer schwachen Essenz, das vielleicht unter ungünstigen Bedingungen lebt, wirkt dagegen möglicherweise schon mit zehn Jahren alt.

Durch ausgewogene Ernährung kann man die Nach-Himmels-Essenz beeinflussen und damit die Essenz stärken.

Die Akupressur des älteren Pferdes soll immer versuchen, die „Mitte des Pferdes" zu stärken. Deshalb werden folgende Punkte auch immer akupressiert:

Der vitale sechzehnjährige Lucky freut sich immer noch auf jeden Springparcours.

MP6 – *Sanyinjiao*
stärkt die Milz, die für die Bildung des Nahrungs-Qi zuständig ist.

Ma36 – *Zusanli*
stärkt Qi und Blut und ist bei allen chronischen Krankheiten einzusetzen.

Ni3
stärkt das Nieren-Qi.

Die chinesische Medizin kann das alte Pferd sehr gut unterstützen, da dieses besonders empfindlich auf Witterungseinflüsse wie Nässe und Kälte reagiert und zu Steifheiten und kleinen wechselnden Beschwerden neigt. In der Akupunktur muß man ein sehr altes Pferd genau untersuchen und darf nicht zu intensiv nadeln. Wie beim jungen Fohlen setzt man nur wenige Nadeln und läßt sofort nach der Akupunktur täglich akupressieren.

Alte Pferde sind sehr dankbar und erfreut über die Akupressur. Dies erkennt man an dem gelösten, entspannten Gesichtsausdruck, der immer schneller eintritt, sobald das Pferd die Akupressur kennengelernt hat. Trotzdem reagiert der

Peter ist dreißig Jahre alt. Bis ins hohe Alter wurde der Gan-Typ geritten und war immer bestrebt, seine Reiter so rasch wie möglich abzuwerfen.

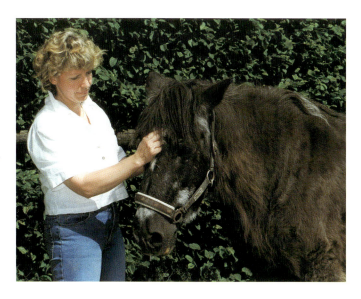

Entspannt genießt Peter die Akupressur am Punkt Intang.

Alt und jung: Fuego hat das Alter von 19 Jahren erreicht und ist seiner jungen Reiterin dank seiner Bewegungsfreudigkeit und seiner Erfahrung auf Turnieren ein guter Begleiter.

Gesamtorganismus des alten Pferdes langsamer auf die Akupressur als ein junges Pferd. Deshalb muß häufiger akupressiert werden. Zum Beispiel wird im allgemeinen zur Vorbeugung von Infektionserkrankungen zweimal täglich akupressiert. Bei einem achtzehnjährigen Pferd sollte viermal täglich akupressiert werden.

Lösen von psychischen Disharmonien

(Anwendung: einmal täglich)
Stellt man an seinem Pferd Veränderungen des gewohnten Verhaltens fest, sollte man sofort akupressieren. Es ist viel einfacher, eine Störung in ihren Anfängen zu beheben, bevor sie sich verfestigt hat. Nach einer anstrengenden Reitstunde, einem aufregenden Ausritt oder auch nach einem Turnierwochenende kann man sein Pferd mit der Akupressur unterstützen und ausgleichen, und zwar durch
1. Augenakupressur
2. Akupressur der unterschiedlichen Pferdetypen durch die jeweiligen psychischen Punkte.

Shen-Typ:
Ni 3 – *Taixi* – hebt das Selbstbewußtsein.
Dü 3 – *Houxi* – stabilisiert das ängstliche Pferd.

Gan-Typ:
Le 3 – *Taichong* – beruhigt das ärgerliche Pferd, löst Muskelverspannungen.

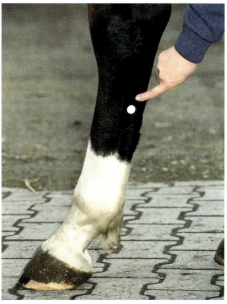

Dü 3, Houxi findet sich außen am Vorderbein unterhalb des Griffelbeinköpfchens.

Zulinqi liegt außen am Hinterbein unterhalb des Sprunggelenks.

Innen am Hinterbein über dem Sprunggelenk liegt MP 6, darunter Ni 3, und zuletzt folgt Le 3.

Gb 41 – *Zulinqi* – harmonisiert das Qi im Lebermeridian.

Pi-Typ:
MP 6 – fördert die Lebensenergien des trägen Pferdes.

Bei plötzlich verändertem Verhalten gibt es immer eine erkennbare Ursache, die manchmal nur nicht sofort ins Auge fällt. Herdenwechsel, neuer Boxennachbar, anderer Partner beim Hängerfahren zum Turnier oder ein ungewohnter Reiter können dazu führen, daß Pferde plötzlich besonders aggressiv oder besonders ängstlich reagieren.

Ich werde immer gefragt, ob es eine Punktkombination für die Angst oder

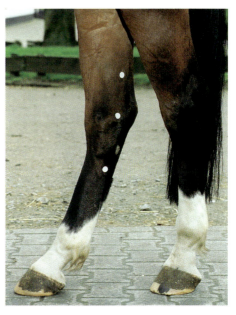

Der Yin-Yang-Ausgleich sollte nicht vergessen werden.

Punktauswahl und das Vorgehen. In meiner Praxis werden solche Pferde erst akupunktiert und anschließend nach Absprache von den Besitzern akupressiert.

Beispiel:

Pedro, ein 7jähriger Fuchswallach, geht willig und ohne Probleme auf den Hänger, wenn er zum Turnier gefahren wird. Nach den Prüfungen allerdings ist das Verladen auf dem Turnierplatz mit größten Schwierigkeiten verbunden. Pedro weigert sich, vorwärts zu gehen, sobald seine Besitzerin ihn auch nur in Richtung Hängerklappe führt.

Pedro ist ein ausgeglichenes Pferd mit guten Turniererfolgen. Er schwitzt aber nach den Prüfungen auf dem Hänger lange nach. Daß er immer wieder auf den Hänger geht, beweist seine grundsätzliche Gutmütigkeit und Willigkeit. Die Wettbewerbe sind für ihn aber aufregender, als seine Besitzerin glaubt, und verunsichern das Pferd. Dadurch entsteht seine Widersetzlichkeit.

Pedro wird zu Hause akupressiert, bevor er verladen wird. Nach der Prüfung akupressiert die Besitzerin Dü 3 (hilft, Angst zu überwinden) und Le 3 (löst Verspannungen) und wendet den Yin-Yang-Ausgleich an.

Während des ersten folgenden Turniers stellt sich keine Verbesserung ein. Am nächsten Wochenende läßt Pedro sich am zweiten Turniertag zögerlich, aber ohne Widersetzlichkeiten auf dem Turnierplatz verladen. Seither wendet die Besitzerin auf einem Turnier regelmäßig die Akupressur an, und Pedro geht ohne Probleme auf den Hänger.

Unwilligkeit beim Verladen der Pferde gibt. Probleme, die beim Aufladen auf den Hänger auftreten, sind zu vielschichtig, um mit einer einzigen Punktkombination gelöst werden zu können. Der Reiter muß zuerst feststellen, ob sein Pferd aus Angst, Sturheit oder Frechheit nicht auf den Hänger geht. Danach richten sich die

Di 4, Hegu liegt innen am Vorderbein unter dem Vorderfußwurzelgelenk. Lu 7, Lieque findet sich eine Handbreit über dem Vorderfußwurzelgelenk.

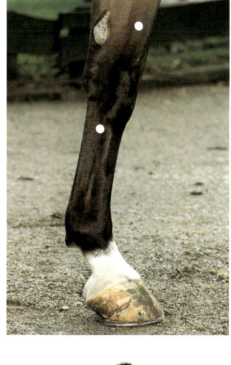

Vorbeugung vor Infektionskrankheiten

(Anwendung: zweimal täglich)

Unsere Pferde werden tagtäglich mit Krankheitserregern konfrontiert. Ob der Erreger gefährlich werden kann und das Pferd erkrankt, hängt maßgeblich von seiner Widerstandskraft ab. Akupressur unterstützt das Immunsystem und kann deshalb gut zur Infektionsvorbeugung angewendet werden.

Di 4 – *Hegu* – leitet Wind aus. Wind dringt, aus chinesischer Sicht, als äußerer, krankmachender Faktor in den Körper ein und führt zu ersten Anzeichen von Atemwegsinfektionen.

Gb 20 -*Fengchi* – leitet ebenfalls Wind aus. Hilft gegen Virusinfektionen.

Ni 3 – *Taixi* – fördert den Fluß des Nieren-Qi und unterstützt damit die Bildung des Wei- oder Abwehr-Qi, welches für unser Immunsystem zuständig ist. Ni 3 stärkt das Abwehrsystem der Pferde.

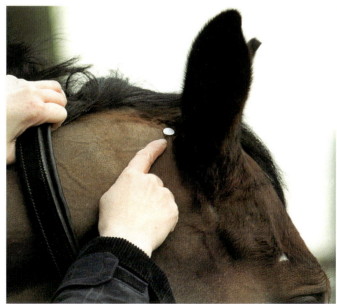

Gb 20, Fengchi wird hinter den Ohren akupressiert.

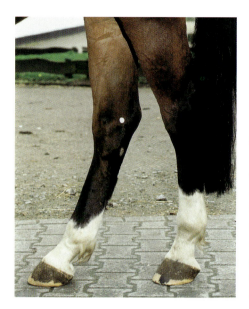

Ni 3, Taixi, am Hinterbein

Lu 7 – *Lieque* – hilft der Lunge beim Verteilen des Lungen-Qi und bewegt das Abwehr-Qi. Damit stärkt es das Immunsystem des Pferdes.
Yin-Yang-Ausgleich
Der Yin-Yang-Ausgleich ist bei der Vorbeugung besonders wichtig, da er die beiden Körperhälften des Pferdes harmonisiert.

Beispiel:

Sila, eine 12jährige Stute, bekam regelmäßig im Winter Atemwegsinfektionen. Während der Sommermonate verbesserte sich ihr Zustand, aber die Stute erhielt ständig schleimlösende und hustenstillende Medikamente.

Sila steht im Shen-Typ, der im Winter besonders krankheitsanfällig ist. Sie wurde im November im Abstand von zehn Tagen viermal akupunktiert und hustete in dieser Zeit große Mengen Schleim ab. Die Besitzerin akupressierte in den folgenden Wochen einmal wöchentlich Lu 7 und Ni 3. Daraufhin hatte Sila keine Probleme mehr, und der Sommer konnte ohne Medikamente überbrückt werden.

Leider meldete sich die Besitzerin erst im folgenden Dezember, nachdem Sila wieder eine Infektion durchgemacht hatte. Die Stute wurde erneut wie bereits im Vorjahr behandelt. Im folgenden Jahr wurde dann eine Akupunktur und Akupressur schon im Oktober durchgeführt, und Sila kam gesund durch den Winter. Überzeugt von der vorbeugenden Wirkung der Akupunktur stellte die Besitzerin ihre Stute in den folgenden drei Jah-

Lunge 7 (Lu 7), Lieque, hilft der Lunge, das Abwehr-Qi zu verteilen. Das bedeutet, er unterstützt das Immunsystem des Pferdes.

ren regelmäßig im Herbst zur Untersuchung vor. Sila hat bis jetzt keinerlei Atemprobleme mehr.

Akupressur nach überstandener Erkrankung

(Anwendung: einmal täglich)
Die Akupressur in Kombination mit einer Akupunktur ist außerordentlich hilfreich nach einer überstandenen Infektion. Dies gilt auch für Borreliose- und Herpeserkrankungen.

Im Gegensatz zur Prophylaxe, bei der das Pferd noch gesund ist, findet man nach einer Erkrankung eine tiefere energetische Störung. Zusätzlich zur Akupunktur können folgende Punkte akupressiert werden:

MP 6 – *Sanyinjiao* – stärkt die Mitte und hilft, Schwächezustände zu überwinden.
Lu 7 – *Lieque* – hilft der Lunge beim Verteilen des Lungen-Qi, bewegt das Abwehr-Qi und unterstützt das Immunsystem.
Ma 36 – *Zusanli* – stärkt Qi und Blut und unterstützt die chinesische Milz bei der Qi-Bildung.

Beispiel:

In einem Ausbildungsstall für Springpferde waren alle 20 Pferde an einer Bronchitis erkrankt. Nach acht Wochen husteten immer noch acht Pferde. Sie wirkten müde und matt und bewegten sich steif.

Jedes der Pferde wurde unterschiedlich akupunktiert und eine Woche lang durch Akupressur der Punkte MP 6 (stärkt die Mitte), Ma 36 (aktiviert das Pferd), Di 4 (schmerzauflösend) und Ni 3 (stärkt das Abwehrsystem) unterstützt.

Nach einer Woche wurden die Pferde erneut akupunktiert und 10 Tage lang die Punkte Lu 7 (unterstützt das Immunsystem) und MP 6 akupressiert. Außerdem wurde ein Yin-Yang-Ausgleich durchgeführt.

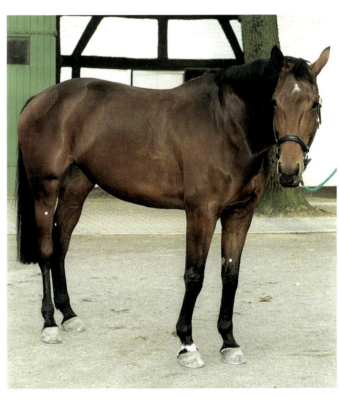

Lu 7, MP 6, Ma 36

Sechs Pferde waren danach gesund. Bei zwei Pferden wurde noch zweimal im Abstand von 10 Tagen eine Akupunktur durchgeführt. Diese beiden Pferde wurden anschließend noch 14 Tage lang akupressiert und konnten danach wieder ihre volle Leistung erbringen.

Genickfestigkeit und Schmerzen im Genick

(Anwendung: bis zu viermal täglich)
Genickprobleme treten oft einseitig auf. Die Pferde weichen dem Schmerz im Genickbereich aus, indem sie sich beim Reiten im Genick verwerfen oder mit dem Kopf schlagen. Die Akupressur kann an der schmerzfreien Seite mit nachfolgendem Yin-Yang-Ausgleich über 4 bis 5 Tage durchgeführt werden. Erst danach wird die eigentlich betroffene schmerzhafte Seite akupressiert.

Wichtig bei Genickschmerzen ist es abzuklären, ob das Gebiß des Pferdes in einwandfreiem Zustand ist. Haken auf den Zähnen sowie Zahnfehlstellungen und Entzündungen führen zu Maul- und Genickproblemen beim Reiten. Die Zähne eines Pferdes sollten daher regelmäßig einmal im Jahr gründlich untersucht werden.

Das Nackenstück der Trense muß hinter den Ohren locker aufliegen. Oft entsteht erst dann ein starker Druck auf das Genick, wenn der Nasenriemen geschlossen wird.

Ein Pferd, das sich beim Anbinden ins Halfter gehängt hat oder mit dem Genick an einen Türrahmen oder ein Hängerdach gestoßen ist, sollte mindestens 14 Tage ein mit Fell unterpolstertes Nackenstück tragen, damit die Prellung ohne Rückstände heilt.

Für die Akupressur ist es wichtig zu unterscheiden, ob das Genickproblem eine rein lokale Störung, wie bei einer Prellung, oder die Folgeerscheinung einer Rückenverspannung darstellt. Der Rückenschmerz kann wiederum örtlich bedingt oder durch psychischen Streß hervorgerufen worden sein. Eine lokale Genickstörung wird mit Nah- und Fernpunkten behandelt. Bei einer Folgestörung muß zusätzlich der Auslöser behandelt werden.

Gb 20 – *Fengchi* – leitet Wind aus und lindert lokal Genickschmerzen. Er stellt die Verbindung zu einem Außerordentlichen Meridian dar, dem *Yang-Qiao Mai*. Dieser wirkt unter anderem bei einseitigem

Gb 20, Fengchi, und Bl 10, Tianzhu

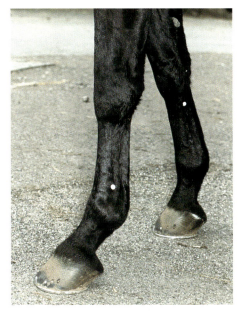 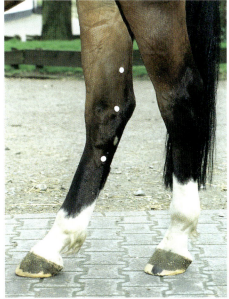

Di 4, Hegu (s. 101) und Dü 3, Houxi (S. 99) Taichong, Taixi und Sanyinjiao (S. 99)

Schmerz und bei akuten Rückenschmerzen.
Bl 10 – *Tianzhu* – löst den Stau im Blasenmeridian, der über Hals und Rücken verläuft. Leitet alle Arten von Wind aus, das bedeutet, er wirkt schmerzstillend.
Di 4 – *Hegu* – hat als Fernpunkt eine ausgeprägt beruhigende und schmerzstillende Wirkung auf alle Schmerzzustände im Körper.
Dü 3 – *Houxi* – wirkt ebenfalls als Fernpunkt auf das Genick ein.
Le 3, Ni 3 oder MP 6 werden entsprechend dem Pferdetyp ausgewählt.
Yin-Yang-Ausgleich – immer bei Genickproblemen anwenden.

Yin-Yang-Ausgleich

Beispiel:
Red Point, ein 5jähriger Rappwallach, sollte Probleme mit Rückenverspannungen haben. Sobald der Reiter die Zügel aufnahm, warf Red Point den Kopf hoch und stürmte los. Die Zähne waren untersucht und behandelt worden, aber das Problem hatte sich verschlimmert.

Der Wallach stand im Pi-Typ und schien eher ruhig als panisch zu reagieren. Die Untersuchung ergab eine generelle Schmerzempfindlichkeit der Rückenmuskulatur und eine starke Druckempfindlichkeit des Zustimmungspunktes des Gallenblasenmeridians. Ich ließ den Reiter das Pferd ohne Nasenriemen vorreiten, und die Widersetzlichkeit verbesserte sich um 50%. Die Untersuchung ergab eine ausgeprägte Schmerzhaftigkeit von Gb 20 rechts. Ohne Reithalfter fehlte der Druck des dünnen Nasenriemens auf das Genick, und Red Point reagierte sofort auf das Nachlassen des Druckschmerzes mit mehr Losgelassenheit. Die Ursache seines Davonstürmens stellte also der Genickschmerz dar, die Rückenverspannung war nur eine Folgeerscheinung.

Red Point wurde einmal akupunktiert und an den Punkten Di 4 (Fernpunkt für Genickschmerzen), Gb 20 und Bl 10 (lösen lokale Schmerzen im Genick) akupressiert. Der Reiter unterpolsterte das Kopfstück seiner Trense und hat seither keine Schwierigkeiten mehr.

Dieses Beispiel zeigt, wie eine lokale Störung im Genick psychische (Davonstürmen) und körperliche (Verspannung der Rückenmuskulatur) Probleme als Folge haben kann. Eine alleinige Rückenbehandlung hätte Red Point nicht oder doch nur kurzfristig geholfen.

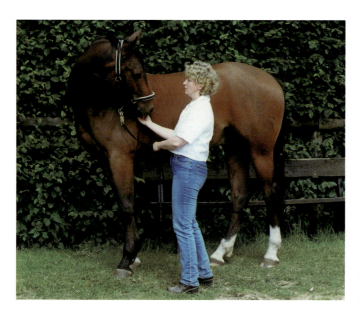

Das Pferd biegt den Hals und folgt der Möhre bis kurz hinter das Schulterblatt. Versucht es dabei rückwärts zu laufen, stellt man es mit der Hinterhand vor eine Wand. Das Genick soll bei der Biegung relativ gerade, das heißt, die Ohren sollen auf gleicher Höhe bleiben.

Beweglichkeitsübung für den Hals

Die Akupressur beeinflußt einen Energiestau im Genick und Hals. Viele Pferde haben aber Angst davor, den lange Zeit geradegehaltenen Hals und das schiefe Genick zu biegen und zu strecken. Deshalb empfiehlt es sich für die Besitzer, zusätzlich zur Akupressur einige Halsdehnungsübungen durchzuführen.

Damit das Pferd die Übungen ausführt, nimmt man am besten eine Möhre in die Hand. Zucker, Leckerli oder ein Apfel sind schnell geschluckt, und das Pferd schaut wieder nach vorne. Mit der Möhre kann man das Pferd am besten in die Richtung locken, in die es sich dehnen soll.

Viele Pferde können den Hals nur nach einer Seite wenden, und die Besitzer sind häufig erstaunt, wenn sie erkennen müssen, wie schwer es dem Pferd fällt, sich nach der anderen Seite zu wenden.

Oben: Das Vorderbein wird aufgenommen und locker festgehalten. Das Pferd biegt mit geradegehaltenem Genick den Hals. Die Übungen werden nach beiden Seiten ausgeführt, aber niemals mit Zwang.

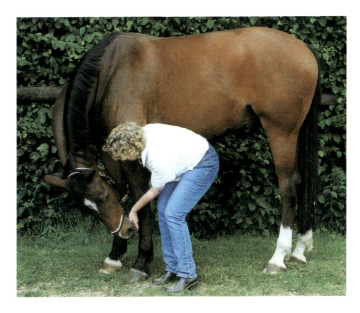

Rechts: Zuerst dehnt das Pferd sich bis unterhalb des Vorderfußwurzelgelenks.

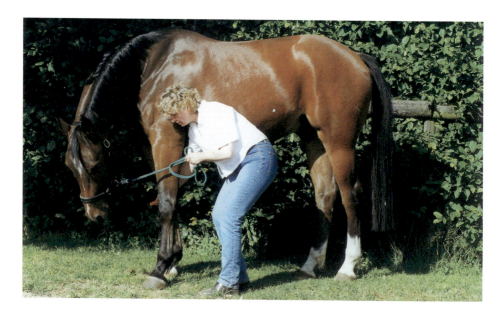

Die Hand greift von hinten durch die Vorderbeine und lockt das Pferd.
Das Pferd wird, der Möhre folgend, den Kopf zwischen die Beine stecken. Es soll dabei nicht mit einem Vorderbein einknicken, sondern beide Vorderbeine gleichmäßig belasten.

Bei den Halsdehnübungen ist es wichtig, die Geduld nicht zu verlieren und sich anfangs mit kleinen Fortschritten zufrieden zu geben. Alle Übungen werden min-

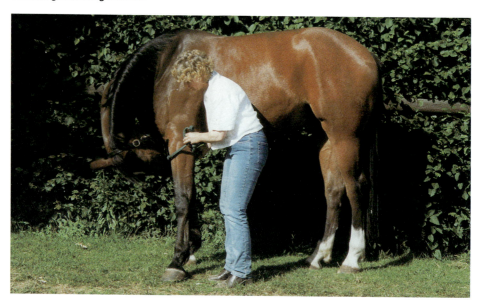

destens drei Wochen lang täglich zweimal vor und nach dem Reiten oder Longieren durchgeführt.

Meistens entwickeln die Pferde drei bis vier Tage nach Beginn der Dehnungsübungen Muskelkater im Hals und haben Schwierigkeiten, der Möhre zu folgen. Dann akupressiert man jeweils vor der Dehnungsübung die im Kapitel „Genickfestigkeit" beschriebenen Punkte und trainiert vorsichtig weiter. Der Erfolg ist nach kurzer Zeit zu erkennen: Das Pferd dehnt den Hals mühelos nach unten und nach beiden Seiten.

Rückenschmerzen – Muskelverspannungen

Rückenschmerzen sind ein Symptom, aber nicht unbedingt die eigentliche Krankheit.
- Ein schlecht aufliegender Sattel kann den Schmerz auslösen.
- Wenn einem Pferd die Beine weh tun, treten als Folge Rückenmuskulaturverspannungen auf.
- Eine chronische Bronchitis läßt das Pferd nicht richtig durchatmen und führt über das Zwerchfell ebenfalls zu einem Festhalten im Rücken – für den Reiter wieder ein Rückenthema, in Wirklichkeit aber liegt die Ursache im Atemapparat.

Bevor eine Rückenbehandlung angewandt wird, muß immer abgeklärt werden, wo die eigentliche Ursache liegt. Diese wird behoben und anschließend der Rücken behandelt. Liegt das Problem allein im Rücken, wird ausschließlich dort behandelt.

Leichte Muskulaturverspannungen

Bl 1, Jingming liegt am inneren Augenwinkel.

können über Akupressur beeinflußt werden. Nach meiner Erfahrung ist es aber wesentlich wirkungsvoller, mit einem Akupunkteur zusammenzuarbeiten, der zuerst Akupunkturnadeln setzt und anschließend spezielle Punkte akupressieren läßt.

Die folgenden Punkte können 10 Tage akupressiert werden. Tritt keine Besserung ein, sollte auf jeden Fall ein Gespräch mit einem Akupunkteur erfolgen.

Bl 1 – *Jingming* – löst Stauungen im Blasenmeridian, der über den Rücken verläuft.
Bl 10 – *Tianzhu* – beeinflußt die tiefe Rückenmuskulatur.

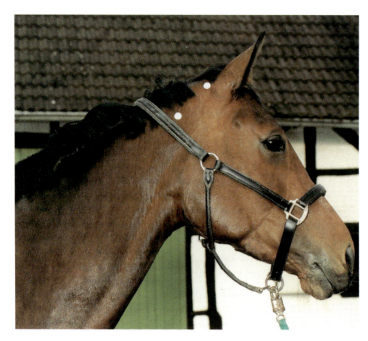

Gb 20 und Bl 10

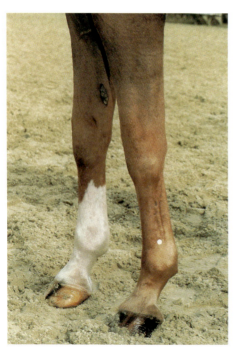

Unten links: Dü 3, Houxi

Unten rechts: BL 60, Kunlun, liegt am äußeren Hinterbein seitlich auf dem Sprunggelenk.

Gb 20 – *Fengchi* – wirkt schmerzlindernd.
Dü 3 – *Houxi* – entstaut einen Außerordentlichen Meridian, der über den Dornfortsätzen verläuft, das Lenkergefäß. Deshalb sollte er bei Rückenproblemen akupressiert werden.
Bl 60 – *Kunlun* – entstaut den Blasenmeridian und vertreibt Wind, das bedeutet, er wirkt schmerzlindernd. Er wird bei chronischen Rückenschmerzen bevorzugt.

Da Muskelverspannungen häufig einseitig auftreten, wird zusätzlich der Yin-Yang-Ausgleich angewendet.

Beispiel 1:

Bei einer 8jährigen Rappstute bestand seit drei Jahren eine Lahmheit hinten links. Der Einsatz von Schmerzmitteln hatte keinen Erfolg. Zweimal erhielt die Stute eine Ruhepause (Weidegang) von jeweils drei Monaten. Danach erschien sie lahmheitsfrei, aber nach Belastung trat die Lahmheit wieder auf. Zuletzt erfolgte ein vollständiger Check-up in der Tierklinik. Es konnte keine Diagnose gestellt werden, und die Stute wurde an mich überwiesen.

Nach der Untersuchung konnte die chinesische Diagnose „Qi-Stau im Magenmeridian" gestellt werden. Der Magenmeridian verläuft über das Knie. Die Stute wurde einmal akupunktiert. Die Besitzerin akupressierte Ma 1 (löst Stau im Magenmeridian) und Bl 60 (hilft bei chronischen Rückenschmerzen). Nach 10 Tagen sollte die zweite Behandlung erfolgen. Das Pferd zeigte aber keine Lahmheit mehr und geht seither, auch unter Belastung, lahmheitsfrei.

Beispiel 2:

Die 12jährige Schimmelstute Rena, erfolgreich in A- und L-Springen, hustete seit zwei Jahren.

Rena sprang immer sehr freudig, ließ sich aber zum Schluß einer Reitstunde sehr schlecht sitzen und war schnell müde. Die Besitzerin bat um eine Behandlung der verspannten Rückenmuskulatur. Sie war sehr erstaunt, als ich ihr mitteilte, daß die Müdigkeit und das Rückenproblem über den chronischen Husten entstanden seien.

Ein Pferd mit einem Atemproblem kann nicht richtig durchatmen. Es erhält nicht genügend Sauerstoff und ermüdet dadurch schnell. Rena war ein arbeitsfreudiges Pferd und zeigte immer noch Einsatz, auch wenn sie nicht mehr korrekt atmete. Vor Anspannung hielt sie sich dann im Rücken fest.

Das Grundproblem stellte also die chronische Atemwegserkrankung dar. Rena wurde dreimal akupunktiert. Der Husten und die schnelle Ermüdbarkeit verschwanden, und Rena ließ sich, auch nach einer Stunde Reiten, gut sitzen. Die Besitzerin bekam den Rat, während des Reitens alle 10 Minuten eine ausgedehnte Schrittpause einzulegen, um einem weiteren Lungenschaden vorzubeugen. Zusätzlich akupressierte sie einmal wöchentlich fünf Wochen lang Di 4 und Lu 7.

Nachsorge nach Verletzungen und Operationen

Die Akupressur als Nachsorge kann ab dem 3. Tag nach der Operation beginnen. Muß das Pferd während dieser Zeit noch

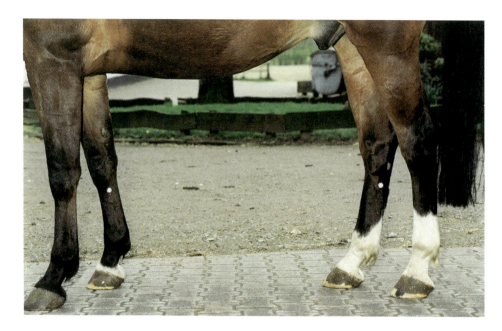

Le 3 am Hinterbein, Di 4 innen am Vorderbein

Boxenruhe haben, beruhigt man durch die Akupressur alle drei Tage.
Le 3 – *Taichong* – harmonisiert das Leber-Yang, fördert aber den Leber-Qi-Fluß. Seine Wirkung ist stark beruhigend. Yin-Yang-Ausgleich
Di 4 – hat eine schmerzstillende und beruhigende Wirkung.
MP 6 – *Sanyinjiao* wird bei Gliedmaßenoperationen akupressiert, da die chinesische Milz für die vier Gliedmaßen zuständig ist. Bestand eine Verletzung, wird zusätzlich MP 21, *Dabao*, einmal täglich mit dem Handballen akupressiert. Mit Beginn der Bewegungstherapie wird

MP 6, Sanyinjiao

MP 21, Dabao liegt in der Gurtlage unterhalb des Sattelblatts.

zuerst akupunktiert, und es erfolgt eine Absprache über die weitere Akupressur, da jedes Pferd andere Punkte braucht.
Di 16 – *Jugu* – hat Einfluß auf die Gelenke.
Dü 3 – *Houxi* beeinflußt Schmerzen und Verspannungen in der Muskulatur und den Sehnen.
MP 6 – *Sanyinjiao* stärkt die Mitte und festigt die Muskulatur.

Diese Punkte werden häufig während der Bewegungstherapie eingesetzt. Um einen Genesungsprozeß zu beschleunigen, wird in der Zukunft im Rehabilitati-

Di 16, Jugu

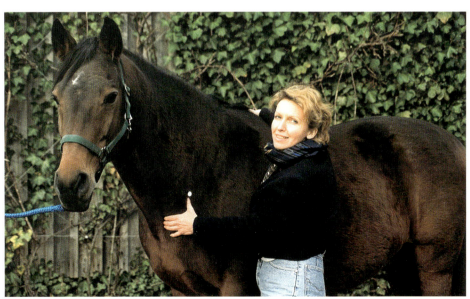

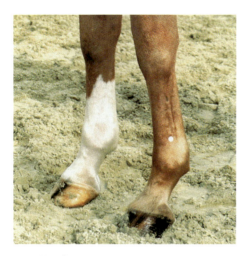

Dü 3, Houxi

onsbereich nach Verletzungen und Operationen außer dem Schrittführen eines Pferdes zusätzlich Akupunktur, Physiotherapie oder Osteopathie eingesetzt werden.

Beispiel 1:

Mango, ein 16 Jahre altes Pony, wurde beim therapeutischen Reiten eingesetzt. Eine chronische Fesselträgerentzündung hatte zu einer hochgradigen Lahmheit vorne links geführt. Der Tierarzt hatte der Besitzerin nach der Untersuchung nahegelegt, Mango zu erlösen. Das Pony bewegte sich nur noch im Schritt. Es wirkte traurig und reagierte nicht auf Ansprache.

Mango stand im Pi-Typ. Er wurde akupunktiert und an den Punkten Ma 36 (unterstützt die Qi-Bildung, wirkt aufbauend), MP 6 (stärkt die Mitte) und Di 4 (besonders wirksamer Schmerzpunkt) akupressiert.

Nach 14 Tagen erzählte die Besitzerin, daß Mango zwei Tage nach der Behandlung zwar auf die Weide galoppiert sei, danach sich aber wieder nur im Schritt bewegt habe. Zusätzlich zur Akupunktur wurde in dieser Behandlung eine Moxibustion an Bl 23 (Shu-Punkt der chinesischen Niere) angewendet, um dem Körper Energie zuzuführen. Die Akupressur blieb die gleiche.

Beim dritten Behandlungstermin stellte sich Mango im Allgemeinbefinden wesentlich verbessert vor. Er wendete aufmerksam den Kopf, wenn man ihn ansprach, und stand nicht mehr regungslos da. Die Lahmheit bestand aber immer noch. Es wurde erneut eine Moxibustion angewendet.

Der vierte Untersuchungstermin zeigte uns einen vitalen, gutaussehenden, bewegungsfreudigen Mango. Die Lahmheit zeigte sich geringgradig, aber er trabte nun freiwillig an der Longe und galoppierte regelmäßig auf die Weide.

In den folgenden Wochen konnte er wieder im therapeutischen Reiten eingesetzt werden. Die Reitlehrerin mußte ihn aber öfter ablongieren, da sein Bewegungsdrang für die Kinder zu ausgeprägt war. Aus dem traurigen Todeskandidaten war wieder ein fröhliches Pony geworden – ein Beispiel dafür, wie sehr Akupunktur und Akupressur die Vitalität eines Pferdes steigern können.

Beispiel 2:

Carlos ist ein 10jähriges erfolgreiches Springpferd der Klasse S. Bei einem Springen hatte er sich die oberflächliche Sehne am linken Vorderbein verletzt und konnte 10 Wochen nicht eingesetzt werden. Nach einer Aufbauphase von vier Wochen begann der Reiter das Pferd wieder zu springen, aber leider trat nach einer Woche erneut ein Sehnenschaden auf.

Nach einer Ruhepause von acht Wochen und medizinischer Behandlung wurde Carlos ab Beginn des Schritt-Trainings einmal wöchentlich akupunktiert und zusätzlich an folgenden Punkten akupressiert: Dü 3 (beeinflußt Entzündungen in der Muskulatur und den Sehnen), Di 4 (schmerzlindernd) und Bl 10 als Fernpunkt, da er die Verspannungen der tiefen Rückenmuskulatur löst, die entstehen, wenn ein Pferd eine Gliedmaße über einen langen Zeitraum nicht belastet.

Nachdem der Springeinsatz ohne Komplikationen verlief, untersuchte ich Carlos im Abstand von jeweils sechs Wochen und akupunktierte nur, wenn ich energetische Probleme feststellte. Die Akupressur wurde zweimal pro Woche angewendet. Heute kann Carlos ohne Probleme seine Springkarriere fortsetzen und wird alle vier Monate zur Kontrolle vorgestellt. Die letzten drei Untersuchungen verliefen aber ohne Befund, und Carlos brauchte weder akupunktiert noch akupressiert zu werden.

Turniervorbereitung

Zur Vorbereitung auf ein Turnier wird drei Tage vor dem Turnierwochenende und während des Turniers ein- bis zweimal täglich akupressiert. Die Akupressur auf dem Turnier kann sich jedoch von der Akupressur zu Hause unterscheiden. Voraussetzung ist das genaue Beobachten der Verhaltensweisen des Pferdes auf dem Turnier.

Ein ängstliches Pferd wird zu Hause mit Augenakupressur und Ni 3 (fördert das Shen-Qi, stärkt das Selbstbewußtsein) behandelt. Auf dem Turnier steht aber die Beruhigung des sich schnell verspannenden Pferdes im Vordergrund. Deshalb können auf dem Turnier folgende Punkte akupressiert werden:
Le 3 – *Taichong* – mindestens zwei Minuten zur Entspannung
Yintang – zur Beruhigung

Le 3, Taichong

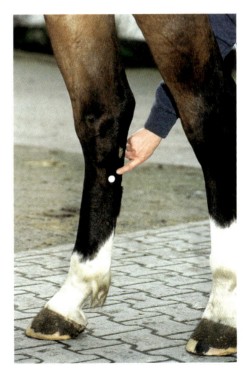

Oben: Bl 10, Tianzhu

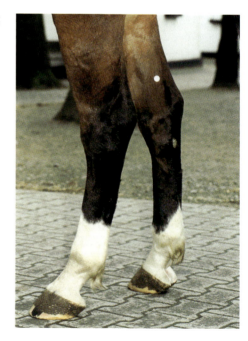

Unten: Innen über dem Sprunggelenk liegt MP 6.

Bl 10 – *Tianzhu* fördert die Konzentration; besonders anzuwenden bei Pferden, die sich leicht ablenken lassen.
Zu Hause erfolgt weiterhin die Akupressur der dem Pferdetyp entsprechenden psychischen Punkte in Kombination mit lokalen Punkten.
MP 6 – zur Unterstützung des Milz-Typs
Ni 3 – zur Unterstützung des Shen-Typs
Le 3 – zur Beruhigung des Leber-Typs

Beispiel:

Riverball ist ein 7 Jahre alter Fuchswallach. Das Pferd lernt sehr schnell, wird aber nervös, wenn die Lektionen in einer Dressuraufgabe hintereinander geritten werden.
　Dieses Problem verschlimmert sich auf dem Turnier. Die Reiterin hat mit

gelassener in den Prüfungen, und es fällt ihm leichter, sich zu konzentrieren.

An diesem Beispiel wird deutlich, daß oft nicht nur das Pferd, sondern auch der Reiter eine Akupressur benötigt.

Akupressurpunkte, die Qi in den Meridianen bewegen

Folgende Punkte bewegen das Qi in bestimmten Meridianen:

Blasenmeridian: Bl 10, *Tianzhu*
                               Bl 60, *Kunlun*

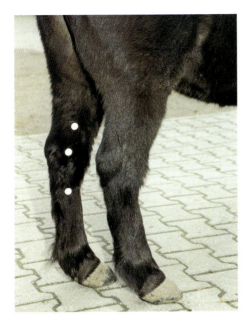

MP 6, Ni 3, Le 3

Bl 60, Kunlun liegt außen auf dem Sprunggelenk, Gb 41 unter dem Sprunggelenk. Innen am Hinterbein findet man von oben nach unten MP 6, Ni 3 und Le 3.

Bachblütentherapie und Akupressur ohne Erfolg mehrere Versuche unternommen, der Lage Herr zu werden. Die Akupressur wendet sie während des Turniers an.

Riverball ist ein sehr liebes und anhängliches Pferd. Die Reiterin selbst neigt zu Nervosität. Nach Absprache wird das Pferd zu Hause mit Ni 3 (unterstützt das Selbstvertrauen des Shen-Typs), Bl 10 (Steigerung der Konzentration) und Gb 41 (löst Muskelverspannungen durch Harmonisierung des Leber-Qi und öffnet das Gürtelgefäß) akupressiert. Diese ohne Anspannung angewendete Akupressur zeigt nach 14 Tagen erste Erfolge.

Auf dem Turnier führt die Reiterin am Pferd die Augenakupressur durch, aber zusätzlich an sich selbst die Akupressur von Le 3. Riverball wird zunehmend

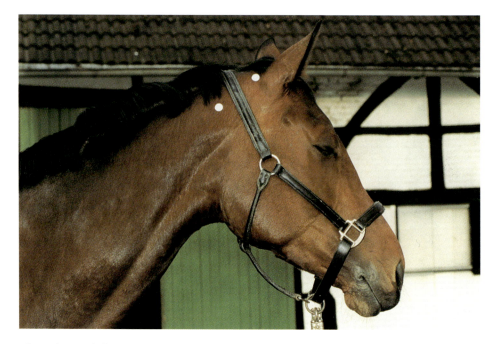

Oben: Gb 20 und Bl 10 Unten: Di 16

Ma 36, Zusanli, bewegt das Qi im Magenmeridian.

Nierenmeridian:	Ni 3, *Taixi*
	MP 6, *Sanyinjiao*
Magenmeridian:	Ma 36, *Zusanli*
	Ma 1, *Chengqi*
Milzmeridian:	MP 6, *Sanyinjiao*
Dickdarmmeridian:	Di 16, *Jugu*
Lungenmeridian:	Lu 7, *Lieque*
Dünndarmmeridian:	Dü 3, *Houxi*
Gallenblasenmeridian:	Gb 20, *Fengchi*
Lebermeridian:	Gb 41, *Zulinqi*
	Le 3, *Taichong*

Durch Akupressur dieser Punkte kann ein Qi–Stau im Meridian gelöst und das Wohlbefinden des Pferdes gesteigert werden.

Lu 7

Innen am Vorderbein liegt Di 4, außen Dü 3.

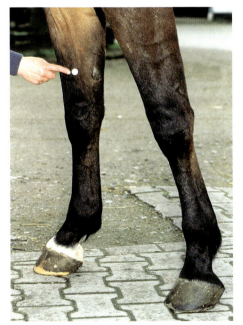

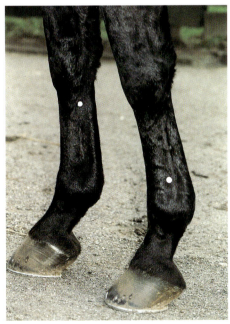

Individuelle Punktkombinationen

Die im vorangegangenen Kapitel beschriebenen Punktkombinationen haben sich in der Praxis bewährt. Aber jeder Leser kann individuell für sein Pferd eine Auswahl an Akupressurpunkten zusammenstellen. Wie im Kapitel „Behandlungsprinzipien" beschrieben, müssen dabei Nahpunkte, Fernpunkte und Punkte für den psychischen Ausgleich kombiniert werden.

Pro Akupressuranwendung sollten nicht mehr als 5 Punkte akupressiert werden. Zusätzlich können jedoch immer der Yin-Yang-Ausgleich und die Augenakupressur angewendet werden. Da jeder Punkt mehrere Wirkungen hat und es schwierig ist, den Überblick zu behalten, werden nachfolgend die unterschiedlichen Wirkungen der Punkte zusammengefaßt. Hat man eine passende Punktkombination gefunden, sollte diese aber nicht unüberlegt bei jeder Akupressur angewendet werden, denn durch die Akupressur ändert sich der Energiezustand des Pferdes. Deshalb muß man sein Pferd genau beobachten und je nach den Reaktionen andere Punkte aussuchen.

Das folgende Beispiel soll dies verdeutlichen:

Die Araberstute Matuka wurde wiederholt aufgrund einer Hinterhandslahmheit und Rückenschmerzen akupunktiert. Die Stute ist ein ausgeprägter Gan-Typ. Sie

Eine Araberstute im Gan-Typ wie Matuka

lebt im Offenstall und ist die Herrin der Herde. Erscheint Matuka im Stall, müssen die anderen ihr ausweichen. Obwohl sie sehr leicht und schnell lernt, gibt es öfters Auseinandersetzungen mit ihrer Reiterin, wenn Matuka sich beim Reiten langweilt oder keine Lust zum Arbeiten hat. Aber Bodenarbeit, zum Beispiel Komplimentvorführen, macht ihr Spaß und kann deshalb immer wieder wiederholt werden.

Da Matuka als Gan-Typ immer wieder zu Muskelverspannungen neigt, wurde sie eher beruhigend und ausgleichend behandelt.

Nach einer langwierigen Hufenlederhautentzündung der Vorderbeine traute sich Matuka, zu meinem größten Erstaunen, plötzlich nicht mehr in den Stall, und die anderen Pferde zollten ihr keinen Respekt mehr. Die Erkrankung und das Schmerzgeschehen hatten die starke Schimmelstute schwach werden lassen. Dies wurde durch die Pulsdiagnose bestätigt. Die Behandlung mußte deshalb neu überdacht werden, und die Stute wurde daraufhin nicht beruhigend behandelt, sondern das Nieren-Qi wurde gestärkt. Zu meiner Freude begrüßte mich bei meinem nächsten Besuch die alte dominante Matuka wieder.

Anwendungsgebiete der Akupunktur- und Akupressurpunkte

Muskelverspannungen
Gb 41 – *Zulinqi*
öffnet das Dai Mai und löst Muskelverspannungen durch Harmonisierung des Leber-Qi.

Di 4 – *Hegu*
wirkt als Fernpunkt auf Genickverspannungen.

Le 3 – *Taichong*
fördert den Fluß des Leber-Qi.

Bl 10 – *Tianzhu*
Nahpunkt für Genickschmerzen. Verspannungen der Rückenmuskulatur

Gb 20 – *Fengchi*
für Genickschmerzen

Di 16 – *Jugu*
löst Verspannungen im Hals-/Schulterbereich.

Bl 60 – *Kunlun*
hilft bei chronischen Rückenverspannungen.

MP 6 – *Sanyinjiao*
festigt die Muskulatur.

Dü 3 – *Houxi*
Bei Rückenverspannungen, besonders im akuten Stadium

Stärkung der Abwehrkräfte des Pferdes
Lu 7 – *Lieque*
verteilt das Lungen-Qi und Wei-Qi.

Ma 36 – *Zusanli*
stärkt Qi und Blut.

Di 4 – *Hegu*
hilft der Lunge, das Qi zu verteilen,

Ni 3 – *Taixi*
unterstützt den Fluß des Nieren-Qi.

MP 6 – *Sanyinjiao*
tonisiert die Milz.

Gb 20 – *Fengchi*
leitet Wind aus.

Allergien
Lu 7 – *Lieque*
öffnet die Nase.

Gb 20 – *Fengchi*
lindert Juckreiz.

Di 4 – *Hegu*
leitet Wind und Hitze aus.

Le 3 – *Taichong*
lindert Bindehautreaktionen des Auges,
unterdrückt das Leber-Yang.

MP 21 – *Dabao*
bei Hautüberempfindlichkeit

Bl 1 – *Jingming*
lindert Juckreiz.

Ma 36 – *Zusanli*
vertreibt Wind.

Schmerz
Di 4 – *Hegu*
stark schmerzlindernder Punkt

Gb 20 – *Fengchi*
wirkt auf Genickschmerzen.

Bl 10 – *Tianzhu*
löst den Schmerz in der tiefen Rückenmuskulatur.

MP 6
Verbindungspunkt der drei Yin-Meri-
diane der Hintergliedmaße – Milz,
Niere, Leber

Di 16 – *Jugu*
hat Einfluß auf die Gelenke.

Bl 60 – *Kunlun*
wirkt auf die Sehnen.

Dü 3 – *Houxi*
für Schmerzen in der Muskulatur und
Sehnenprobleme. Fernpunkt für Genickschmerzen.

Bl 1 – *Jingming*
löst Schmerzen im Kopf-, Hals- und
Rückenbereich

Ni 3 – *Taixi*
lindert Schmerzen im Knie-, Hüft- und
Kruppenbereich.

Ma 36 – *Zusanli*
beeinflußt Knieschmerzen über den
Magenmeridian.

Yintang
wirkt schmerzstillend.

MP 21 – *Dabao*
lindert generalisierten Muskelschmerz.

Akute Atemwegsinfektionen
Di 4 – *Hegu*
leitet Wind aus.

Bl 10 – *Tianzhu*
leitet Wind aus.

Ma 36 – *Zusanli*
stärkt das Pferd.

Ni 3 – *Taixi*
kräftigt das Nieren-Qi.

MP 6 – *Sanyinjiao*
belebt die Milz.

Angst, Nervosität
Ni 3 – *Taixi*
stärkt den Shen-Typ.

Bl 10 – *Tianzhu*
unterstützt die Konzentration und das Gedächtnis der Pferde.

Dü 3 – *Houxi*
unterstützt die Bildung von Selbstvertrauen.

Yintang
beruhigt den Geist.

Reizbarkeit, Frechheit
Le 3 – *Taichong*
harmonisiert das Leber-Qi, wirkt ausgleichend auf den Gan-Typ.

Gb 41 – *Zulinqi*
wirkt ausgleichend auf den Fluß des Leber-Qi.

Trägheit
MP 6 – *Sanyinjiao*
unterstützt den Pi-Typ.

Ma 36 – *Zusanli*
regt den Appetit an und stärkt Qi und Blut.

Fehlerquellen

Nach richtiger Diagnose und Anwendung sollte das Pferd mit einer Verbesserung seines Zustands reagieren. Tritt kein Erfolg durch die Akupressur ein, darf der Akupresseur nicht den Mut und das Zutrauen verlieren. Das Mißlingen kann folgende Ursachen haben, die sich – außer bei falschen Voraussetzungen – alle bei entsprechendem Einsatz beheben lassen.

Falsche Voraussetzungen
Besteht bei einem Pferd eine Lahmheit oder eine innere Erkrankung, darf die Akupressur nicht allein eingesetzt werden. Die Akupressur kann keine Krankheiten heilen. Hier ist die Zusammenarbeit mit einem Tierarzt oder Akupunkteur angeraten, weil man sonst eine Erkrankung verschleppen kann.

Zu kurze Anwendung
Um in der Akupressur Erfolg zu haben, muß jeder Punkt mindestens 30 Sekunden lang akupressiert werden. Einzelne Punkte wie zum Beispiel der Yintang sollten sogar 60 Sekunden lang massiert werden, Le 3, Taichong, bis zu 2 Minuten.

Meine Erfahrung zeigt, daß im allgemeinen zwei- bis dreimal ohne Eile akupressiert wird. Stellt sich der Erfolg danach nicht sofort ein, wird der Akupresseur ungeduldig. Das Pferd reagiert auf den Mißmut des Akupresseurs und entspannt sich nicht mehr. Im Gegensatz zur Akupunktur, die meist sehr schnell wirkt, braucht die Akupressur Zeit, Ruhe und die Wiederholung.

Falsche Punktauswahl

Es ist nicht immer einfach, die richtigen Punkte auszusuchen, da jeder Punkt mehrere Wirkungen hat. Aus diesem Grunde rate ich, immer nur wenige Punkte anzuwenden, um festzustellen, wie das Pferd darauf reagiert.

Beispiel:

Ein nervöses Turnierpferd wird von seinem Reiter mit Ni 3 ohne Erfolg akupressiert. Aufgrund seiner Angst weist das Pferd während des Turniers eine Muskelverspannung auf. Der Reiter akupressiert auf mein Anraten Le 3 (beruhigend, muskelentspannend), Di 4 (schmerzlindernd) und Gb 41 (öffnet das Gürtelgefäß). Die Nervosität wird besser. Zu Hause soll der Reiter aber einmal wöchentlich Ni 3 akupressieren und den Yin-Yang-Ausgleich anwenden, um weiterhin das Selbstbewußtsein seines Pferdes zu stärken.

Lokalisation der Akupressurpunkte

Jeder, der mit der Akupressur beginnt, sollte die Punkte, die er akupressiert, kritisch überprüfen. Besonders wenn keine anatomischen Kenntnisse vorhanden sind, sind sie teilweise schwierig zu finden. Der beste Kontrolleur ist das Pferd selbst. Anhand seines zufriedenen Gesichtsausdrucks und der gelösten Körperhaltung ist die positive Reaktion auf die Akupressur deutlich zu erkennen.

Widerstand gegen die Akupressur

Ein Pferd, das sich nicht akupressieren läßt und unwillig reagiert, empfindet die Akupressur als unangenehm. Dafür gibt es folgende Gründe:

- Die Umgebung ist zu unruhig, das Pferd konzentriert sich nicht auf den Menschen.
- Der Akupresseur wendet den falschen Druck auf die Punkte an.
- Es werden die falschen Punkte akupressiert.
- Der Akupresseur befindet sich nicht in der energetischen Ausgeglichenheit, um akupressieren zu können.

Im letzteren Fall ist es angebracht, den Zeitpunkt der Akupressur zu verschieben.

Eine zu volle Stallgasse, die Fütterungszeit, das Verbleiben des Pferdes in der Box, während die Herde schon auf der Weide ist – dieses Umfeld läßt keine Akupressur gelingen. Die Akupressur sollte immer in Ruhe und ohne Ablenkung stattfinden.

Den richtigen Akupressurdruck auf den Punkt übt man am besten am Yin-Yang-Ausgleich. Gelingt es dadurch, das Pferd zu entspannen, hat man den richtigen Druck ausgeübt und kann weitere Punkte akupressieren. Dabei wird immer auf das Ohrenspiel und die Mimik des Pferdes geachtet.

Im Falle einer falschen Punktauswahl wendet man einige Tage den Yin-Yang-

Ausgleich an und ändert dann die Wahl der Akupressurpunkte.

Negativer Einfluß der Umgebung
Reagiert ein Pferd positiv auf die Akupressur, kann dieser Erfolg beispielsweise durch unsympathische Boxennachbarn, einen schlecht sitzenden Sattel, eine nicht richtig angepaßte Trense, zuwenig Auslauf etc. negativ beeinflußt werden. Es sollte immer versucht werden, das Umfeld zu optimieren.

Beschreibung und Wirkung der Akupressurpunkte

Lunge 7 (Lu 7) – *Lieque* – Unterbrochene Reihenfolge

Lokalisation
- Innen am Vorderbein,
- eine Handbreit über dem Vorderfußwurzelgelenk am vorderen Rand des Radius (Unterarms)

Wirkung:
- Unterstützt die Lunge im Verteilen und Herabführen des Lungen-Qi.
- Bewegt das Abwehr-Qi.
- Stellt Verbindung zum Funktionskreis Dickdarm her.
- Öffnet das Konzeptionsgefäß.
- Öffnet die Nase und hilft bei Allergien.
- Verteilt die Flüssigkeit der Haut und eliminiert äußere pathogene Faktoren von der Hautoberfläche.

Erklärung:
Die Lunge kontrolliert die Haut, in der das Abwehr- oder Wei-Qi fließt. Im Anfangsstadium einer Infektionskrankheit kann das Wei-Qi und damit das Immunsystem durch Lu 7 in Kombination mit Di 4 gestärkt werden. Bei Pferden mit chroni-

Di 4 und Lu 7 stärken die Abwehrkraft des Pferdes gegen Infektionen.

schem Husten hilft Lu 7, das Lungen-Qi zur Niere herabzusenken. Die Niere reguliert das Qi des ganzen Körpers und wird durch Ni 3 unterstützt. Bei Pferden, die nicht im Winter, sondern eher im Frühjahr krank werden, wird zusätzlich Gb 20 akupressiert.

Beispiel:
In einem Reitstall war eine Atemwegsinfektion ausgebrochen. Eine Besitzerin wollte die Abwehrkräfte ihres noch nicht erkrankten Pferdes unterstützen.

Die Stute stand im Pi-Typ. Es wurde einmal akupunktiert, danach eine Woche lang Lu 7, MP 6, Ma 36 und Di 4 akupressiert. Die Stute bekam einen Tag Fieber, konnte sich aber sehr schnell erholen und brauchte keine weitere Behandlung.

Magen 36 (Ma 36)
Zusanli – Punkt der drei Dörfer oder Dritter Weiler am Fuß

Wirkung:
- Stärkt das Qi und das Blut.
- Hilft bei allen chronischen Krankheiten.
- Unterstützt gleichermaßen Magen und Milz.
- Vertreibt Wind, Nässe und Kälte.
- Harmonisiert das Nähr-Qi und das Abwehr-Qi.
- Stärkt den Körper.
- Löst Ödeme auf.
- Hebt das Yang.
- Behebt Verdauungsprobleme.
- Regt den Appetit an.
- Klärt das Auge.

Erklärung:
Die Hauptfunktion des Magens ist es, die Nahrung zu zerlegen und reifen zu lassen. Das Magen-Qi steigt normalerweise nach unten. Die Nahrung wird an den Dünndarm weitergegeben.

Lokalisation
- Am äußeren Hinterbein,
- eine Handbreit unterhalb des Knies seitlich der *Crista tibiae*

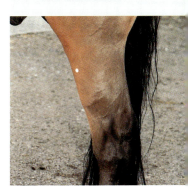

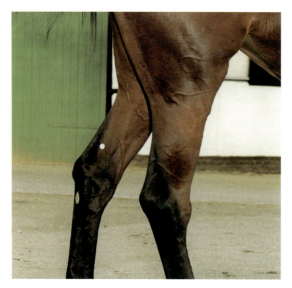

MP 6 stärkt die „Mitte" und unterstützt den Pi-Typ.

Eine Umkehr des Magen-Qi führt beim Pferd zum Koppen. Es ist zu heilen, wenn das Koppen infolge einer inneren Erkrankung auftritt. Als stereotype Verhaltensstörung ist es meistens nur zeitweise zu unterbinden.

Der Magen ist zusammen mit der Milz die Wurzel des Nach-Himmel-Qi. Beide sind für das gesamte Qi, das der Körper nach der Geburt herstellt, verantwortlich. Wird nicht genug Qi gebildet, wird das Pferd müde und schwach.

Ma 36 ist ein imponierender Punkt. Er soll einen erschöpften Läufer befähigen, drei Dörfer weiter zu laufen. Im Pferderennsport wird er häufig kurz vor dem Rennen genadelt, um eine größere Leistungsfähigkeit zu erreichen. Bei chronischen Atemwegserkrankungen und Appetitlosigkeit sollte Ma 36 immer miteingesetzt werden. Auch bei beginnenden Infektionskrankheiten kann Ma 36 das Abwehr-Qi stärken und damit das Immunsystem fördern.

Einen heilenden Einfluß auf das Auge hat der Magenmeridian über den Punkt Magen 1 unterhalb des unteren Augenlids.

Der Magen ist für die Aufnahme von Flüssigkeiten zuständig. Ma 36 in Kombination mit MP 6 kann Pferden mit angelaufenen Beinen helfen, die Ödeme auszuschwemmen. Knieschmerzen werden über Ma 36 behandelt, sofern sie den Magenmeridian betreffen.

Beispiel:

Eine 4jährige Stute wird mit rezidivierenden Koliken vorgestellt. Die Koliken sind mit Schmerzmittelinjektionen immer sehr schnell zu beheben, treten aber alle 10 Tage wieder auf.

Die Stute wird einmal genadelt. Es treten keinerlei Koliksymptome mehr auf. Die Besitzerin akupressiert vorsorglich drei Wochen lang Ma 36 und MP 6, um die „Mitte" ihres Pferdes zu stabilisieren.

Gallenblase 20 (Gb 20)
Fengchi – Windteich

Wirkung:
- Entfernt äußeren und inneren Wind.
- Klärt die Augen.
- Unterdrückt Leber-Yang.
- Beseitigt Hitze.
- Ist Verbindungspunkt des Yang-Fersengefäßes.
- Lindert Nackenschmerzen und Genicksteife.

Lokalisation
- Hinter den Ohren,
- am Ohrmuschelgrund

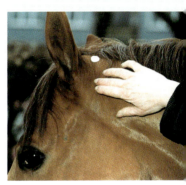

Erklärung:
Das Pferd besitzt keine Gallenblase, aber einen Gallenblasenmeridian. Gb 20 wird in Verbindung mit Di 4 oder Lu 7 zur Prophylaxe vor Infektionskrankheiten akupressiert.

Viele Pferde lassen sich ungern hinter die Ohren fassen. Gb 20 kann bei Schmerzzuständen im Genickbereich unterstützen. Zusätzlich sollten immer ein Yin-Yang-Ausgleich und eine Augenakupressur erfolgen.

Bei chronisch rezidivierender Bindehautentzündung eines Gan-Typs wird Gb 20 mit Le 3 kombiniert.

Ein schlecht sitzendes Halfter oder Zaumzeug führt immer zu einem Stau im Gallenblasenmeridian. Deshalb muß überprüft werden, ob das Genickstück zu stramm sitzt, wenn das Pferd durchs Genick tritt. Ist dies der Fall, wird das Zaumzeug wenn möglich etwas weiter eingestellt und das Genickstück mit Fell unterpolstert.

In Verbindung mit Di 4 und Lu 7 hilft Gb 20 im Anfangsstadium einer Infektion.

Gallenblase 41 (Gb 41)
Zulinqi – Fließende Tränen des Flusses

Lokalisation
- Außen am Hinterbein,
- unterhalb des Sprunggelenks,
- hinter dem Griffelbein

Wirkung:
- Harmonisiert den Lauf des Leber-Qi.
- Eliminiert Nässe und Hitze.
- Öffnet das Gürtelgefäß – *Dai Mai*.

Erklärung:
Zulinqi ist in der Pferdeakupunktur und Pferdakupressur sehr wichtig. Das Gürtelgefäß oder der Dai Mai stellt einen Außerordentlichen Meridian dar, der die Vorhand mit der Hinterhand verbindet. Ist er gestaut, gelingt es dem Reiter nicht, eine Durchlässigkeit zwischen Hinter- und Vorhand herzustellen.

Bei jeder Akupressur wird als erstes überprüft, ob der Dai Mai frei ist. Er läßt sich über Gb 41 entstauen. Zusätzlich kann Gb 41 bei schmerzhaften Meridianstörungen im Knie- und Hüftbereich eingesetzt werden. Gb 41 harmonisiert den Lauf des Leber-Qi. Muskelverspannungen entstehen durch einen Leber-Qi-Stau und werden über Gb 41 positiv beeinflußt.

Beispiel:
Lucky Dream ein vierjähriger brauner Wallach im Shen-Typ, ließ sich zwar willig reiten, der Besitzer hatte aber das Gefühl, die Hinterhand komme nicht richtig mit.

Das Pferd wies einen langen, weichen Rücken auf und war in letzter Zeit viel gewachsen. Alle Shu-Punkte waren druckempfindlich. Nach Akupunktur von Gb 41 verschwanden die Empfindlichkeiten bis auf Bl 18 und Bl 23. Lucky wurde in Bl 23, Le 1, MP 9, und Bl 1 akupunktiert. Der Reiter akupressierte täglich Gb 41 und Ni 3 und reduzierte die reiterlichen Anforderungen für 8 Wochen. Bei der 2. Vorstellung waren keine Shu-Punkte mehr empfindlich. In den folgenden zwei Jahren traten bei Lucky dreimal Rückenverspannungen in Verbindung mit Wachstumsschüben auf, die durch Akupunktur und Akupressur in kurzer Zeit behoben werden konnten. Der heute Neunjährige zeigt bei Kontrolluntersuchungen keine Probleme mehr.

Dickdarm 4 (Di 4)
Hegu – Geschlossenes Tal oder Zusammenkunft der Täler

Wirkung:
- Stark schmerzstillend.
- Löst Qi-Stau im Dickdarmmeridian.
- Unterstützt die Lunge in ihrer verteilenden Funktion von Qi.
- Vertreibt äußeren und inneren Wind.
- Leitet Hitze aus.
- Öffnet die Körperoberfläche.
- Wirkt als Fernpunkt auf den Kopfbereich.
- Stärkt das Qi.
- Harmonisiert das Aufsteigen des Yang und das Absteigen des Yin.

Lokalisation
- Innen am Vorderbein,
- unterhalb des Vorderfußwurzelgelenks

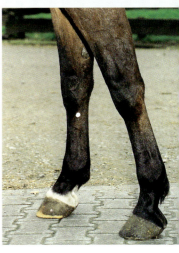

Erklärung:
Di 4 ist ein vielseitig anwendbarer Akupunkturpunkt. Er wird als hervorragender Schmerzpunkt bei allen Arten von Schmerzzuständen eingesetzt, vor allem bei Genickschmerzen und Vorhandslahmheiten.
Da er eine starke Wirkung auf den Kopfbereich ausübt, wird er

Le 3 findet sich innen am Hinterbein.

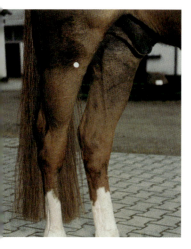

Ma 36 stärkt das Immunsystem.

auch bei Schnupfen, Nasennebenhöhlenentzündungen und Kehlkopfreizungen akupunktiert.

Ebenso erfolgreich werden Allergien wie allergische Bronchitis und allergische Hautreaktionen mit Di 4 behandelt.

Im psychischen Bereich kann Di 4 zur Beruhigung von Angstzuständen zusammen mit den Punkten Le 3 und LG 24 angewendet werden.

Die bisher beschriebenen Anwendungen sind von ausleitender und beruhigender Funktion.

Aufbauend und anregend kann Di 4 in Kombination mit Ma 36 (stärkt das Qi und Blut) eingesetzt werden. Aus chinesischer Sicht verbindet sich der Dickdarm, als Yang-Organ, mit der Lunge als Yin-Organ zu einem Funktionskreis. Di 4 hilft der Lunge, die für das Wei-Qi (Abwehrkraft des Körpers) zuständig ist, in ihrer Verteilerfunktion. Er wird deshalb im Anfangsstadium einer Atemwegserkrankung angewendet.

Milz-Pankreas 21 (MP 21)
Dabao – Allgemeine Kontrolle

Lokalisation
- Hinter der Schulter, in der Gurtlage,
- unterhalb des Sattelblattes

Wirkung:
- Bewegt das Blut in den Blutverbindungsbahnen.

Erklärung:
Dabao wird beim Menschen zur Linderung eines generalisierten Muskelschmerzes eingesetzt. Beim Pferd wird dieser Punkt bei einer extremen Hautempfindlichkeit angewendet.

Manche Pferde lassen sich nicht gerne anfassen. Beim Satteln reagieren sie unwillig auf das Anlegen des Gurtes. Dabao kann hervorragend bei diesen überreaktiven Pferden eingesetzt werden, indem der Punkt einmal täglich und während des Sattelns mit der Faust oder dem Handballen akupressiert wird.

Beispiel:
Eine dreijährige Stute sollte angeritten werden. Sie war ein liebenswertes, zutrauliches Pferd. Das Anlegen der Trense gelang ohne Schwierigkeiten, und sie ließ sich in kurzer Zeit auf beiden

Händen longieren. Die Bereiterin war sehr routiniert im Umgang mit jungen Pferden. Ihr fiel auf, daß die Stute sich nicht sehr gerne putzen ließ. Das Anlegen eine Gurtes stellte schon beim ersten Versuch ein Problem dar, weil die Stute in Panik geriet.

Ich führte einen Yin-Yang-Ausgleich mit Akupunkturnadeln durch und akupressierte MP 21. Wärend der Akupressur konnte die Stute ohne Widerstand geputzt werden. Die Bereiterin akupressierte 10 Tage lang MP 21 mit der linken Faust und putzte das Pferd gleichzeitig mit der rechten Hand. Ab dem 11. Tag begann sie, der Stute den Longiergurt aufzulegen, akupressierte aber immer dabei MP 21. Nach weiteren fünf Tagen ließ die Stute sich anstandslos gurten. Das Satteln wurde mit den gleichen Maßnahmen durchgeführt und gelang problemlos.

Blase 10 (Bl 10)
Tianzhu – Himmelspfeiler

Wirkung:
- Leitet Wind aus.
- Punkt des Meeres des Qi.
- Klärt das Gehirn.
- Beruhigt die Augen.
- Vertreibt den tiefen Rückenschmerz.
- Löst Stau im Blasenmeridian.

Erklärung:
Der Punkt Bl 10 leitet, wie Di 4 und Gb 20, äußeren Wind aus und wird bei Genickschmerzen eingesetzt.
Manche Pferde erlernen rasch einzelne Lektionen, kommen aber durcheinander, wenn der Reiter mehrere hintereinander reiten möchte. Sie haben Konzentrationsschwierigkeiten. Tianzhu liegt an der Austrittstelle des Blasenmeridians aus dem Gehirn. Er stellt einen Sammelpunkt des Qi dar. Dadurch kann er die Konzentration und das Gedächtnis anregen. Dies gilt besonders für Shen-Typen; dann wird zusätzlich Ni 3 (unterstützt das Nieren-Qi) behandelt.

Lokalisation
- Seitlich am Hals,
- auf dem Atlasflügel des 1. Halswirbels,
- eine Handbreit unterhalb des Mähnenkammes.

Bei Schmerzen der tiefen Rückenmuskulatur wird Bl 10 angewendet, weil er einen Stau im Blasenmeridian, der in der Rückenmuskulatur verläuft, lösen kann.

Dickdarm 16 (Di 16)
Jugu – Großer Knochen

Lokalisation
- Vor der Schulter,
- wenn die menschliche Hand *den M. brachiocephalicus* von unten umfaßt und den abgespreizten Daumen in die Tiefe drückt.

Wirkung:
- Diagnostischer Punkt.
- Hilft beim Absenken des Lungen-Qi.
- Bewegt das Qi und das Blut.
- Löst Stau im Dickdarmmeridian.
- Hat Einfluß auf die Gelenke.

Erklärung:
Die Untersuchung des Punktes Jugu erlaubt Rückschlüsse auf eine Verspannung im Halsbereich. Der Daumen, der den *M. brachiocephalicus* umfaßt, drückt langsam und mit stetig wachsendem Druck in die Tiefe des Halsansatzes. Wird diese Untersuchung zu hastig und grob ausgeführt, reagiert jedes Pferd mit Abwehrbewegungen, und der diagnostische Wert geht verloren.

Di 16 wird gerne in der Akupunktur genadelt. In der Akupressur sollte mindestens ein bis zwei Minuten akupressiert werden, um eine Wirkung zu erreichen.

Jugu löst Verspannungen örtlich im Schulter- und Halsbereich. Zusätzlich hilft er, den Dickdarmmeridian zu entstauen, und hat Einfluß auf die Funktion der Gelenke. Aus diesem Grund wird Di 16 in Kombination mit Di 4 und MP 6 zur Nachbehandlung von Gelenksoperationen eingesetzt.

Beispiel:
Ein 7jähriger Hengst, ausgebildet bis zur Dressur Klasse M, wurde von einer Tierklinik überwiesen. Gegenüber Stuten zeigte er kein Hengstverhalten.

Seit dem 5. Lebensjahr trat wiederholt während des Reitens eine Blockade im Halsbereich auf. Diese hatte zur Folge, daß der Hengst plötzlich stehenblieb. Er bewegte sich nicht mehr vorwärts und konnte den Hals nicht mehr heben. Diese Blockade hielt bis zu 20 Minuten an, danach konnte sich das Pferd wieder normal bewegen.

Bei einem der letzten Male war jedoch keine Besserung eingetreten, und das Pferd hatte 18 Stunden in dieser Stellung verharrt, da keine Medizin half. Seither trat das Problem zwar nur kurzzeitig, aber immer häufiger und immer während des Reitens auf. Der Einsatz eines Chiropraktikers hatte keinen Erfolg. Die in der Tierklinik durchgeführten Untersuchungen hatten leider keine Diagnose erbracht.

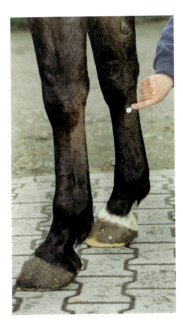

Di 4 (Bild) und MP 6 werden in Ergänzung zu Di 16 gern zur Nachbehandlung von Gelenksoperationen eingesetzt.

Der Hengst stand im Shen-Typ. Seine chinesische Niere war schwach. Dies zeigte sich besonders im ausbleibenden Geschlechtstrieb. Die Niere ist zuständig für das Knochenwachstum. Dieser Hengst hatte ein schwaches Fundament. Er wurde in den Punkten MP 9, Bl 11 (Meisterpunkt der Knochen) und Di 16 genadelt. Bl 23 wurde moxibustiert, das bedeutet, daß Moxakraut auf die Nadel gesteckt und angezündet wurde. Während des Nadelns von Di 16 trat die oben beschriebene Bewegungsstörung plötzlich auf. Nach der Behandlung konnte der Hengst sich zur Erleichterung seiner Besitzerin normal bewegen. Die Bewegungsstörung ist danach nicht wieder aufgetreten.

Blase 60 (Bl 60)
Kunlun – Kunlun-Berge

Lokalisation
- Außen am Hinterbein,
- am Sprunggelenk,
- in der Mitte zwischen Fersenbeinhöcker und Unterschenkel

Wirkung:
- Löst Blasenmeridianstau.
- Leitet Wind aus.
- Lockert die Sehnen.
- Beseitigt Hitze.
- Belebt das Blut.
- Stärkt das Genick, den Hals und den Rücken.

Erklärung:

Der Blasenmeridian ist mit 67 Punkten die längste Leitbahn des Körpers. Er beginnt am inneren Augenwinkel und endet außen am Hinterbein über dem Kronrand. Der Punkt Kunlun kann Stauungen innerhalb des Blasenmeridians lösen und zusätzlich Wind, also Schmerzen, vertreiben. Aus diesem Grund wird er bei chronischen Rückenschmerzen eingesetzt.

Genickschmerzen beeinflußt er als Fernpunkt in Kombination mit Gb 20.

Kunlun beseitigt Hitze und bewegt Blut und wird deshalb in der Akupunktur bei Blasen- und Gebärmutterentzündung genadelt.

Le 3 beruhigt das Pferd und entspannt die Muskulatur.

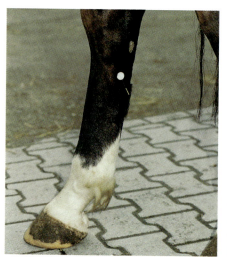

Beispiel 1:
Larinus ist ein 9jähriger Fuchswallach. Eine plötzlich auftretende hochgradige Hinterhandslahmheit links wurde in der Klinik untersucht. Es konnte aber keine Diagnose gestellt werden. Auffällig war die extreme Rückbildung seiner Rückenmuskulatur innerhalb kurzer Zeit.

Larinus wurde viermal akupunktiert. Danach konnte er sich so weit bewegen, daß ohne Bedenken Weideauslauf möglich war. Leider tobte er dabei so herum, daß die Lahmheit sich wieder verschlechterte. Trotz meiner Bedenken bestanden die Besitzer auf eine Fortführung der Therapie. Unterstützend zur Akupunktur akupressierte die Besitzerin alle zwei Tage die Punkte Bl 60 und Bl 1 und führte einen Yin-Yang-Ausgleich durch. Erschien ihr Larinus sehr übermütig, akupressierte sie zuzüglich Le 3.

Larinus wird zur Freude seiner Besitzer heute wieder geritten.

Bl 1 entstaut den Blasenmeridian.

Beispiel 2:

Pünktchen, ein zwölf Jahre altes Schimmelpony, wurde mit Rückenverspannungen vorgestellt. Das Angaloppieren im Rechtsgalopp fiel ihm besonders schwer.

Pünktchen wurde akupunktiert, und seine elfjährige Besitzerin akupressierte alle zwei Tage Kunlun und Le 3, Taichong. Außerdem führte sie einen Yin-Yang-Ausgleich durch. Die Nachuntersuchung nach drei Wochen ergab keine Probleme mehr.

Die Reiterin akupressiert weiterhin einmal pro Woche Kunlun und Gb 41, Zulinqi. Pünktchen wird jetzt alle drei Monate zur Kontrolle vorgestellt, hatte aber außer einer Akupunkturbehandlung während einer Atemwegsinfektion keine weitere Behandlung mehr nötig.

Dünndarm 3 (Dü 3)
Houxi – Hinterer Fluß

Lokalisation
- Außen am Vorderbein,
- über den Fesselgelenk,
- unter dem Griffelbeinknöpfchen

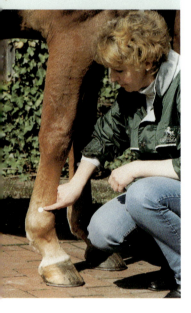

Wirkung:
- Schlüsselpunkt des Lenkergefäßes, Du Mai.
- Leitet äußeren Wind aus.
- Unterstützt Sehnen und Muskulatur.
- Eliminiert Nässe.
- Beseitigt Ikterus.
- Stabilisiert den Geist.

Erklärung:

Dü 3 ist ebenso wie Gb 41 ein Öffner eines Außerordentlichen Meridians, nämlich des Du Mai oder Lenkergefäßes. Dieses entspringt aus der Gebärmutter und tritt zwischen After und Scheide an die Hautoberfläche. Es zieht über die Mitte des Schweifansatzes und über die Kruppe und verläuft über den Dornfortsätzen der Wirbelsäule bis zu den Nüstern.

Dü 3 leitet inneren Wind aus dem Du Mai, das bedeutet, er nimmt Einfluß auf Erkrankungen wie Krämpfe, Ataxie und Genickverspannungen.

Als Fernpunkt wirkt Houxi auf Genickschmerzen ein und kann zum Beispiel mit Gb 20 kombiniert werden.

Schmerzen in der Muskulatur und Probleme der Sehnen entlang des Meridianverlaufs des Lenkergefäßes, des Dünndarm- und des Blasenmeridians werden postiv durch Dü 3 beeinflußt. Aus diesem Grund findet der Punkt seinen Einsatz bei Rückenverspannungen, besonders im akuten Stadium.

Zusammen mit der Akupunktur des Punktes Bl 62, Shenmai, kann der Akupunkteur das Lenkergefäß aktivieren. In den meisten Fällen verschwindet eine Druckempfindlichkeit des Du Mai innerhalb von Sekunden nach der Akupunkturnadelung.

Dü 3 unterstützt die Bildung von Selbstvertrauen und kann mit Ni 3, Taixi, kombiniert werden.

Beispiel:

Ticiano, ein 8jähriger brauner Wallach, hielt sich seit seinem fünften Lebensjahr wiederholt rechts so fest, daß ein Angaloppieren auf der rechten Hand nicht möglich war. Sobald die

Festigkeit auftrat, verlor Ticiano seine sonstige Gehfreudigkeit und ließ sich nur schwer durchs Genick stellen. Die Eingabe von Schmerzmitteln hatte keinen Einfluß auf die Störung. Die Besitzerin longierte das Pferd in dieser Periode ausschließlich, bis Ticiano wieder freiwillig angaloppierte.

Eine osteopathische Behandlung führte zu einer Verbesserung der Situation, die Reiterin mußte aber immer noch sehr geschickt reiten, um Rechtswendungen durchführen zu können. Ticiano wurde zweimal akupunktiert und an den Punkten Dü 3, Bl 60 (chronischer Rückenschmerz), Bl 10 (entstaut den Blasenmeridian) und Le 3 (entspannt die Muskulatur und beruhigt) akupressiert.

Allmählich stellten sich Fortschritte ein, wobei die Besitzerin das Gefühl hatte, daß sie mit einer Akupressur von mindestens zwei Minuten pro Punkt vor dem Reiten die besten Ergebnisse erzielte.

Schlußbemerkung

Wenn Sie mit Hilfe der Erläuterungen dieses Buches einzelne Situationen besser handhaben oder Fragen im Umgang mit dem Pferd leichter beantworten können, hat es seinen Hauptzweck hinreichend erfüllt.

Die mit Hilfe der vorstehenden Beschreibungen vorgenommene Einordnung Ihres Pferdes in einen der vier Typen wird Ihnen das alltägliche Zusammensein mit Ihrem Pferd erleichtern und somit Ihre Freude und den Spaß an diesem wunderschönen Sport erhöhen. Besitzer, Reiter, Tierarzt, Akupunkteur und Akupresseur können jeder für sich zum Wohlbefinden des Pferdes beitragen. Wenn es bei jedem nur ein paar Prozent sind, ergibt die Endsumme der einzelnen Bemühungen doch 100%, und wir werden mit einem gesunden, zufriedenen und ausgeglichenen Pferd belohnt.

Adressen

Die Adressen von geprüften tierärztlichen Akupunkteuren werden von den Tierärztekammern der Länder vermittelt.

Weitere Informationen:

Osteopathiezentrum
Hof Thier zum Berge
48249 Dülmen
Tel. 02594-782270
Fax 02594-7822727
e-mail: info@osteopathiezentrum.de
www.osteopathiezentrum.de

Für Tiermediziner:
Gesellschaft für ganzheitliche Tiermedizin (GGTM)
Dahlienstr. 15
53332 Bornheim-Waldorf
Tel. 02227-7788
www.ggtm.de

Eine Liste von Tierärzten, die sich mit Naturheilverfahren beschäftigen erhalten Sie beim Zentralverband der Ärzte für Naturheilverfahren (ZÄN)
Promenadenplatz 1
72250 Freudenstadt
Tel. 07441-918 580
Fax 07441-918 522
e-mail: info@zaen.org
www.zaen.org

Zum Weiterlesen

Bartz, Dr. med. vet. Jürgen
Husten und Allergien bei Pferden. Kosmos Verlag, Stuttgart 2004.

Mahlstedt, Dieter
Akupunkt-Massage nach Penzel am Pferd. Fitness und Wohlbefinden durch chinesische Heilkunst. Kosmos Verlag, Stuttgart 1997.

Meyerdirks-Wüthrich, Ute:
Bach-Blüten für Pferde. Ausgleich für Körper und Seele; Therapie für Pferd und Reiter; Mit vielen Fallbeispielen. Kosmos Verlag, Stuttgart 2004.

Rakow, Dr. med. vet. Michael
Die homöopathische Stallapotheke. Wirkung und Anwendung, Therapie der häufigsten Krankheiten von A bis Z. Kosmos Verlag, Stuttgart 1999/2002.

Tellington-Jones, Linda
TTouch und TTeam für Pferde. Der sanfte Weg zu Gesundheit, Leistung und Wohlbefinden. Das Praxisbuch. Kosmos Verlag, Stuttgart 2002.

Schacht, Christian
Pferdekrankheiten. Vorbeugen, erkennen und richtig handeln. Kosmos Verlag, Stuttgart 1999/2005.

Wittek, Cornelia
Von Apfelessig bis Teebaumöl. Hausmittel und Naturheilkräfte für Pferde. Kosmos Verlag, Stuttgart, 1999/2005.

Wittek, Cornelia
Kräuter und Tees für Pferde. Heilkräuter von A bis Z, die besten Teerezepte und der Fitnessplan fürs ganze Jahr. Kosmos Verlag, Stuttgart 2002.

Register

Abmagerung 95
Abwehrkraft 17, 92, 121, 126, 132
Abwehr-Qi 91 f., 101 ff., 126 ff.
Abwehrreaktion 83
Abwehrsystem 101
Ängstlichkeit 29, 43, 47, 87, 93
Akupressur 12
Akupressurpunkte 51
Akupunktur 10 ff.
Akupunkturnadel 11
Akupunkturpunkte 8, 9, 10
akut 93
Alarm-Punkte 69
Allergien 122, 126, 132
altes Pferd 96
Anfängerpferde 47
Angaloppieren 138
angelaufen 42, 47, 48, 57 f., 59, 63, 73
Angst 56, 86, 100, 123 f., 132
anmo 13, 80
Anspannung 52
Appetit 92, 123, 127
Appetitlosigkeit 51, 95, 128
Artemisia vulgaris 11
Assoziationspunkte 70
Ataxie 72, 138
Atemproblem 111
Atemwegserkrankung 56
Atemwegserkrankungen, chronische 11, 128
Atemwegsinfektion 71, 95, 101 f.
Atemwegsinfektionen, akute 122
Augen 23, 127 f., 133
Augenakupressur 80, 82, 92 f., 98, 115, 117, 120, 129
Augenerkrankung 33
Augenglanz 88
Ausgeglichenheit 47
Ausgewogenheit 16
Ausgleich, psychischer 33, 51, 60
Ausgleichs-Methode 82, 84
Auslauf 125
Ausritt 60
Außerordentlicher Meridian 66

Bänder 33
Bauchschmerzen 52
Beifuß 11, 13, 16
Beine, angelaufene 42, 47, 57 f., 59, 73
Beobachtungen 68
beruhigend 121, 124
Beruhigung 115 f., 132
Beta-Endorphin 10
Bewegungsstörung 134
Bindegewebe 48
Bindegewebsschwäche 24
Bindehautentzündung 52, 88, 129
bitter 36
Bl 1 28, 88, **89** 109, 122, 137, **137,**

Bl 10 28, 65, 76, **77**, 105 f., 109, 110, 115 f., **116, 118,** 121 ff., 133, 139
Bl 11 134
Bl 13 70 f.
Bl 14 71
Bl 15 71
Bl 18 70 f., 76 f.
Bl 19 72
Bl 20 73
Bl 21 73
Bl 22 74
Bl 23 74, 78, 114, 134
Bl 25 74
Bl 27 74, 77
Bl 28 74
Bl 60 28, 111, 121 f., 136, 139
Bl 62 138
Blase 18, 23, 27, 74, 78, 133
Blasenentzündung 136
Blasenmeridian 69, 74, 76, 78, 88, 105, 109, 111, 133 f., 136, 139
Blockade 20, 134
Blut 92, 97, 101, 121, 123, 127, 132, 134, 136
Blutbildung 23, 25
Borrelioseerkrankung 103
Bronchitis 103
Bronchitis, allergische 132
Bronchitis, chronische 11

Chengjiang 86 f., **86**
Chenqi 88, **88**
Chiropraktik 80

Dabao 92, **113,** 122, 132
Dachang-Shu 74
Dai Mai 34, 66, 76, 121, 130
Dan-Shu 72
Dantian 60
Deckunlust 11
Di 4 22, 54, 59, 79, **80,** 92, 93, 101, 103, 105 f., 111 f., 114 f., **119,** 121 f., 124, 126, 131, 134, **134**
Di 16 22, 113, **64, 81,** 113, **118,** 119, 121 f., 134,
Diagnostik 64
Dickdarm 21, 126, 131 f., 134
Dickdarmmeridian 74, 119, 131, 134
Dreifacher Erwärmer 30, 74
druckempfindlich 70
Du Mai 34, 138
Dü 3 26, 59, 98, 100, **105,** 110, **111,** 113, **114,** 115, **119,** 121 f., 138
Dünndarm 23, 26, 74, 127
Dünndarmmeridian 74, 119
Durchfall 24
Durchfall, chronischer 11
Durchgangspunkte 20
Durchlässigkeit 33, 35, 130
Dynorphin 10

Elemente, Fünf 35 ff.

Energie 17
Energieblockade 17
Energiestau 17
Enkephalin 10
Entspannung 83, 115
Entwicklungsstörungen 91
Entzündung 22, 26
Erbenergie 91
Erde 36 ff.
Erkältung 17, 21
Erkältungskrankheiten 29
Erkrankung 93
Erkrankung, innere 76, 123, 128
Ernährungszustand 61
Erwärmer, Dreifacher 30, 74
Essenz 90, 96
Essenz, Nach-Himmels- 91, 96
Essenz, Vor-Himmels- 91
Extrapunkt 85

Fei-Shu 70
Fell, struppiges 95
Fellqualität 61
Fen Shui 86
Fengchi 55, 65, **101,** 104, 111, 122
Fernpunkt 79, 104, 115, 121 f., 131, 138
Feuchtigkeit 24
Feuer 36 ff.
Fieber 70, 93
fliegende Wechsel 54
Fluchtreaktion 45
Fohlen 90
Fortpflanzung 74, 91
Frechheit 123
Freßunlust 11
frieren 46, 63
Friese 42
Fülle 16
Fünf Elemente 35 ff.
Fünf Wandlungen 36
Futterverwertung 24

Gallenblase 31, 129 f.
Gallenblasenmeridian 72, 106, 119, 129
Gan-Qi-Stau 55
Gan-Shu 70 f., 76 f.
Gan-Typ 43, 52, 61, 63, 66, 68, 80, 83, **97,** 98, 120, 123, 129
Gb 20 20, 32, 55, 65, 78, **79,** 93, 104, 106, 119, **110,** 111, **118,** 121 f., 127, 129, 136, 138
Gb 26 35
Gb 41 32, 35, 67, 76, **77,** 92, 99, **117,** 119 m 121, 123, 130
Gebärmutter 92
Gebärmutterentzündung 136
Gegensatzpaare 14
Gelenke 33, 61, 122, 134
Gelenksgalle 61
Gengchi 121
Genick 26, 30, 32, 104, **106,** 121 f., 129, 131, 136, 138

Genickschmerzen 79, 84, 106, 122, 133
Genitalbereich 56
Gesamteindruck 61 f.
Gesundheitsnachsorge 84
Gesundheitsvorsorge 84
grüner Tee 18
Gürtelgefäß 34, 66, 117, 124, 130
Gu-Qi 18
Gymnastizierung 6
gynäkologische Schmerzen 57
gynäkologische Störungen 24

Hals 107, 122, 134 f., 136
Halsdehnungsübung 107
Haut 21, 122, 126, 132
Hauterkrankung 17, 22
Headshaker-Syndrom 11
Hegu 54, 59, 92, 101, 121 f., 131
Herpeserkrankung 103
Herz 25, 49
Herzmeridian 71
Herztyp 49 f.
Hinterhand 29
Hinterhandlahmheit 71, 120, 136
Hinterhandprobleme 72
Hitze 16 f., 25, 88, 122, 129 ff., 136
Holz 36 ff.
Houxi 59, **99,** 113, 121 ff., 138
Hüftgelenk 72
Hufe 61
Hufhorn 61
Huflederhautentzündung 121
Hufrehe 15
Husten 16, 18, 21, 39 f.
Husten, chronischer 29, 111
Hysterie 49

Ikterus 138
Immunsystem 18, 51, 56, 101 f., 103, 126
Infektionserkrankung 46, 98
Infektionskrankheiten 101, 128 f.

Jing Luo 11
Jingming 88, 109, **109,** 122
Juckreiz 17, 88, 122
Jueyin-Shu 71
Jugu 64, **64,** 113, 121 f.

Kälte 16 f., 28 f., 97, 127
Kehlkopf 132
KG 24 34, 86 f.
Knie 22, 128
Kniebereich 130
Kniegelenk 23
Knieprobleme 73
Koliken 24, 128
Kolikneigung 11
Konzentration 24, 116 f., 123, 133
Konzeptionsgefäß 34, 126
Kopf 131

Koppen 128
Ko-Zyklus 38, 40
Krämpfe 138
Krankheiten, chronische 97, 127
Kreuzverschlag 74
kümmern 93
Kunlun 110, 111, **117**, 121 f., 136

Lahmheit 11, 17 f., 20 f., 29 f., 111, 114, 123, 131
Le 3 33, 51 ff., 61, 77, **80, 83,** 98, **99,** 100, **112,** 115 f., **117,** 119, 121 ff., 129, **131,** 132, 137, 139
Lebensenergie 29, 99
Lebenskraft 18
Leber 32 f., 40, 52, 72, 78
Leberenergie 40
Lebermeridian 71, 77 f., 99, 119
Leber-Qi 52, 117, 121, 123, 130
Leber-Typ 43 f., 54, 61, 116
Leber-Yang 52, 112, 122, 129
Leere 16
Leistungsabfall 11
Leistungswille 47
Leitbahn 19
Lenkergefäß 33, 86, 111, 138
LG 24 132
LG 26 34, 86
Lieque 101 f., 121 f., 126
Losgelassenheit 106
Lu 7 21, 102 f., 111, 119, 121 f., 126
Lunge 20, 24, 102 f., 121, 126, 131 f.
Lungenentzündung 17
Lungenmeridian 70, 119
Lungen-Qi 102 f., 121, 126, 134

Ma 1 23, 88, 111
Ma 1 Chengqi 119
Ma 36 51, 59, 92, 93, 97, 103, 114, 119, 121 ff., 127
Magen 22 f., 127 f.
Magenmeridian 73, 111, 119, 128
Magen-Qi 127
Maulspalte 43 ff.
Maulwinkel 82
Merkfähigkeit 24
Metall 36 ff.
Milchbildung 92
Milz 23, 40, 57, 73, 92 f., 97, 103, 112, 127
Milzmeridian 73, 119
Milz-Pankreas 23, 132
Milz-Typ 47 f., 57 f., 116
Monoamine 10
Moxakraut 11, 134
Moxibustion 11 f., 16, 114
MP 6 24, 57, 92 f., 97, 99, **99,** 103, 112 f., 114, 116, **116 f.,** 119, 121 ff., **128,** 134, **134**
MP 9 134
MP 21 24, **81,** 92, 112, 122, 132
Müdigkeit 111
Muskeltonus 43
Muskelverspannung 43 f., 51, 53, 55, 78, 89, 98, 117, 121, 130
Muskulatur 63, 138

Nachbehandlung 134
Nach-Himmel-Qi 128
Nach-Himmels-Essenz 91, 96
Nachschwitzen 30
Nachsorge 111
Nähr-Qi 127
Nässe 24, 57, 59, 97, 127, 130, 138
Nahpunkt 79, 104, 121
Nahrungs-Qi 20, 23, 97
Nase 21
Nasenbremse 86
Nasennebenhöhlen 132
Nervosität 123 f.
Ni 3 29, 56, 61, **83 f.,** 92 f., **99,** 101 f., 105, 115 f., **117,** 119, 121 ff., 127, 138
Nichtträchtigwerden 11
Niere 28, 40, 56, 74, 78, 114, 127, 134
Nieren-Essenz 91
Nierenfunktion 27
Nierenmeridian 74, 78, 119
Nieren-Qi 56, 92 f., 97, 101, 121, 123
Nieren-Typ 45 f., 61

Ödeme 127 f.
Öffner 19 ff., 24, 29, 33, 68, 138
Opiate, körpereigene 10
Organbeziehungen 39
Organe 16
Organpaar 38
Organuhr 19
Oxer 64

Pang-Guan-Shu 74
Parcours 31
Pericard 29, 71
Pferd, altes 96
Pferd, heranwachsendes 89
Pferde-Typ 8, 41 ff. 68
Pi 57
Pi-Shu 73 f.
Pi-Typ 43, 47 f., 63, 65 f., 73, 99, 106, 114, 123, **128**
Pomeranz 10
Probleme, psychische 11
Psyche 47
Puls 85
Pulsdiagnose 121
Punktauswahl 124
Punkte, sedierende 20
Punkte, psychische 80
Punktkombinationen 120

Qi 10, 17 ff., 131
Qi-Gong 18
Qi-Mangel 18
Qing-Qi 18
Quellpunkte 20

Reizbarkeit 52, 123
Ren Mai 33
Renzhong 86, **86**
Rücken 43, 63, 122, 136
Rückenmuskulatur 121 f., 134
Rückenprobleme 78, 88
Rückenschmerz 104, 109, 111, 120, 133
Rückenschmerzen, chronische 136, 139
Rückenverspannung 11, 106

salzig 36
San Jiao-Shu 74
Sanyinjiao 57, 93 f., 97, 103, **105,** 112 f., **112,** 121 ff., 123
Sattel 64, 109, 125, 132
scharf 36
Schleim 40
Schleimhaut 46, 66
Schmerz 17, 92, 122
Schmerzen, gynäkologische 57
schmerzlindernd 93, 111, 115, 124
Schmerzpunkt 54, 59, 92, 114, 131
schmerzstillend 86, 105, 112, 122, 131
Schnupfen 132
Schreckhaftigkeit 93
Schulter 134
Schwächezustand 103
Schweif 62
schwitzen 50, 100
Sehnen 31, 33, 59, 122, 136, 138
Sehnenschaden 115
Selbstbewußtsein 61, 98, 115, 124
Selbstvertrauen 43, 46, 56, 117, 123
Shen 56, 78, 91
Sheng-Zyklus 37, 40
Shenmai 138
Shen-Qi 115
Shen-Shu 74, 76
Shen-Typ 43, 45 f., 61, 63, 66, 74, 84, 98, 102, 116 f., 123, 133 f.
shiatsu 13
Shu-Punkt 68 ff.
Shu-Punkt-Untersuchung 64
Springpferd 114
Sprunggelenk 29
Sprunggelenkserkrankung 74
Stallwechsel 57, 60
Steifheit 97
Stellungsfehler 91
stolpern 31
Störungen, gynäkologische 24
Streßsituationen 71
Stux 10
süß 36

Taichong 51 ff., 77, **105,** 112, 115, 122
Taixi 56, 92 f., **105,** 121 ff.
Tee, grüner 18
Tianzhu 15, 76, 105, 109, 116 f., **116,** 122 f., 133
tonisierend 20
Traber 72
Trägheit 123
Tränenfluß 88
Transport 60, 89
Trennung 93, 95
Trense 104, 125
Tuina 80
Turniervorbereitung 84, 115
Typ 78

Überempfindlichkeit 33
Umfeld 125
Unfruchtbarkeit 56

Ungleichmäßigkeiten 63
Unterlippe 48, 62
Unterlippe, hängende 57 f.

Verdauungsapparat 52
Verdauungsproblem 23 f., 26, 127
Verdauungsstörung 22, 74
Verladen 100
Verlaßpferd 49
Virusinfektion 101
Volksmedizin 14
Vorbeugung 98, 101
Vor-Himmels-Essenz 91

Wachstum 74, 91
Wärme 29, 63
Wandlungen, Fünf 36
Warnsignal 17
Wasser 36 ff.
Wechsel, fliegende 54
Wei-Qi 18, 91, 121, 132
Wei-Shu 73
Widersetzlichkeit 11, 33
Widerstandskraft 101
Wiehern 46
Wind 17, 33, 86, 88, 93, 101, 104 f., 111, 122, 129, 131, 133, 136, 138
Winderkrankung 72
Wundergefäße 33
Wundermeridian 88

Xiaochang-Shu 74, 77
Xin-Shu 71
Xin-Typ 49

Yang 14 ff., 131
Yang-Energie 34
Yang-Krankheit 15
Yang-Leitbahnen 19
Yang-Meridian 61, 83
Yang-Methode 83 f.
Yang-Organ 36
Yang-Qiao Mai 104
Yangqiaomai 88
Yin 14 ff.
Yin-Energie 34
Ying 131
Yingqiaomai 88
Yin-Krankheit 16
Yin-Leitbahnen 19
Yin-Meridian 61, 83, 122
Yin-Methode 83 f.
Yin-Organ 36
Yintang 34, 87, 115, 122 f.
Yin-Yang- Ausgleich 53, 57, 60, 78, 80, 85 ff., 92 f., **100,** 102 ff., 105, 111 f., 120, 124, 129, 132, 137
Yuang-Qi 18

Zähne 23, 104
Zahnfleisch 17
Zahnwechsel 74, 91
Zaumzeug 129
Zeitdauer 84
Zheng-Qi 18
Zitrusfrüchte 18
Zulinqi 92, **99,** 123, 130
Zunge 46 ff., 66
Zusanli 51, 59, 92, 121 ff., 127
Zustimmungspunkte 70